해운대
이펙트

해운대 이펙트

2013년 12월 5일 초판 1쇄 발행 | 2014년 2월 12일 8쇄 발행
지은이 · 배덕광

펴낸이 · 박시형
책임편집 · 정상태 | 디자인 · 이주연

마케팅 · 장건태, 권금숙, 김석원, 김명래, 최민화, 정영훈
경영지원 · 김상현, 이연정, 이윤하
펴낸곳 · (주)쌤앤파커스 | 출판신고 · 2006년 9월 25일 제406-2012-000063호
주소 · 경기도 파주시 회동길 174 파주출판도시
전화 · 031-960-4800 | 팩스 · 031-960-4806 | 이메일 · info@smpk.kr

ISBN 978-89-6570-182-8 (03320)

• 이 책의 국립중앙도서관 출판시도서목록은 서지정보유통지원시스템 홈페이지(http : //seoji.nl.go.kr)와 국가자료공동목록시스템(http : //www.nl.go.kr/kolisnet)에서 이용하실 수 있습니다.
(CIP제어번호 : CIP2013024908)

• 잘못된 책은 바꿔드립니다. • 책값은 뒤표지에 있습니다.

해운대 이펙트

해운대, 트렌드를 넘어 브랜드가 되다

배덕광 지음

쌤앤파커스

지난 10년간 해운대를
매력있는 세계일류도시로 만들기 위해
모두가 헌신적인 노력을 기울여왔다.
이 모든 노력과 성과는 해운대구민이 없었다면
아무런 의미도 기쁨도 없을 것이다.
이 책을 43만 해운대구민에게 바친다.

차례

프롤로그

장산에 올라

장산(萇山)은 해운대 중심에 우뚝 솟아 있어 해운대의 모든 지역이 장산으로 통한다. 주말이면 해운대구뿐만 아니라 부산 전역에서 등산객들이 찾는다. 나도 조금이라도 여유가 있으면 장산을 오른다. 산길을 따라 부지런히 발을 놀리면 솔향이 얼굴을 간지럽힌다. 시원한 바람이 가슴을 뻥 뚫어놓는다. 능선을 따라 올라가다 보면 갑자기 시야가 확 트이며 나타나는 널찍한 돌밭도 좋다. 숨이 가빠올 즈음 잠시 발을 멈추고 뒤를 돌아볼 때 성큼 다가서는 도시 풍경에는 탄성이 절로 나온다. 마침내 정상에 오르면 해운대구가 마치 한 폭의 그림처럼 눈앞에 펼쳐진다.

내가 사랑한 해운대, 지난 10년 동안 우리가 함께 만들어 온 해운대가 하나의 생명처럼 펄떡거리며 살아 숨 쉬는 게 온몸으로 느껴진다.

이제 해운대는 여름 한 철 해수욕을 즐기기 위한 휴양도시로서의 매력을 훌쩍 뛰어넘어 풍부한 관광 인프라와 복합 문화시설을 두루 갖춘 '매력있는 세계일류도시'가 되었다. 국제영화제, 비엔날레, 모래축제, 바다축제 등 사계절 내내 축제가 열리고 대한민국 방방곡곡에서 찾아온 인파뿐 아니라 전 세계 여러 나라에서 온 관광객들로 가득한 해운대는 늘 분주하고 활기에 넘친다.

특히 2007, 2008년 '한국지방자치대상'에서 '살기 좋은 10대 도시' 부문을 2년 연속 수상한 데서도 알 수 있듯이 해운대의 놀라운 변화와 발전상은 성공적인 지자체경영이 나아가야 할 방향을 제시한 롤 모델이 되었다. 도시경영의 트렌드를 이끄는 선두에서 한 발 더 도약해 유무형의 유익한 가치를 창조하는 브랜드 그 자체가 된 것이다.

2014년이면 해운대구청장으로 꼬박 10년을 재직하게 된다. 2004년 6월 보궐선거에 당선된 뒤 제4대 해운대구청장으로 일을 시작해 5대와 6대까지 연임했으니, 이제는 더 하고 싶어도 할 수 없게 되었다. 기쁜 마음으로 해운대구청장직을 내려놓을 준비를 해야 한다.

차분히 마음의 준비를 하나씩 해나가던 중 문득 책을 써야겠다는 생각이 들었다. 변화와 성장을 거듭해온 해운대의 중심에 자리 잡고 있었던 만큼 '도대체 해운대는 어떻게 이런 놀라운 변화를 이끌어낼 수 있었는가?'라는 질문에 누구보다도 정확하게 대답해줄 수 있는 사람이 바로 나 자신이었기 때문이다. 지금도 예산부족이나 불합리한 법령 때문에 지역 주민을 위한 정책을 마음껏 펼치지 못하고 있는 기초 자치단체가 많다. 이들에게 해운대구 10년의 이야기가 미약하게나마 힘과 희망을 동시에 전해줄 수 있다면 좋겠다는 생각도 한몫 거들었다. 또한 내가 쓰게 될 책이 운명과도 같았던 해운대와 해운대구민들에게 바치는 최고의 찬사가 되고, 해운대구민이라는 자부심을 심어줄 수 있게 된다면 더 이상 바랄 나위가 없을 터였다. 이런 수많은 고민 끝에 기쁜 마음으로 책을 쓰겠다는 결심을 할 수 있었다. 주변의 많은 사람들이 이런 생각에 동의해주었고 격려해주었다. 책을 '써야만 하는' 이유가 생긴 것이다.

그리하여 지난 10년 동안 상전벽해를 이룬 해운대의 놀라운 변화 과정에서 나를 포함한 850여 명의 해운대 공무원, 43만 해운대 주민이 주인공이 되어 이루어 낸 해운대의 이야기가 촘촘히 엮이게 되었다.

모든 일에는 시작과 끝이 있게 마련이다. 끝은 또 다른 시작의 출발점인데, 좀 더 나은 새로운 출발을 위해서라도 지난 일을 돌아보고 반성하며 잘한 일은 잘한 일대로 못한 일은 못한 일대로 평가해야 한다고 생각했다. 이 책에서 나는 지난 10년 동안 해운대구청장으로 일했던 배덕광이라는 공인을 가능한 한 냉정하게 평가하고자 했다. 엄밀히 말하자면 해운대구에서 경험하고 실천했던 온갖 일들을 '도시경영'이라는 차원에서 살펴보는 것이 이 책의 중요한 목적이다. 기업경영은 기업이 사회 공동체의 일원으로서 다른 구성원과 조화를 이루며 이윤을 추구하는 것이 목표지만, 도시경영은 궁극적인 목적이 이윤 추구가 아니라는 점에서 기업경영과 근본적으로 다르다.

현대의 경영학도 애초에는 도시경영에서 비롯되었다고 한다. 경영이라는 발상은 행정이라는 개념과 조금은 다르다. '행정'이라고 하면 획일적이고 관료적인 느낌이 들지만 '경영'이라고 하면 어쩐지 창의적이고 역동적인 느낌이 들지 않는가?

그렇다. 이제는 행정이 아니라 경영이다. 지방자치라는 말 자체가 위에서 아래로 일방적으로 전달되고 강요되는 개념이 아니다. 진정한 지방자치란 주민이 중심이 되어 아래에서 위로 향하는 과정이 더 강조될 때 실현된다. 그러자면 소통의 유기성과 실행의 역동성이 동시에 이루어지는 경영이라는 개념이 더욱 강조될 필요가 있다.

단순히 이익만을 추구하는 조직이라면 맡은 일만 충실히 처리해도 충분할 수 있다. 그러나 구청의 일은 그렇지 않다. 아무리 작은 지역이라도 그 안에는 온갖 다양한 계층이 존재한다. 이들이 바라는 내용 또한 제각기 다르며 때로는 서로 갈등을 일으키기도 한다. 이처럼 예측 가능한 것과 예측 불가능한 것들을 모두 아울러서 조화로움을 꾀하고, 기존의 작은 몫을 공평하게 나누는 데 그치지 않고 더 키워야 하는 문제들까지 함께 고민해야 하는 것이 구청에서 해결해야 할 중요한 임무이자 역할인 셈이다.

이처럼 수많은 이해와 갈등이 첨예하게 맞부딪히는 꼭짓점에 구청장이 있기 때문에 더더욱 경영이라는 관점을 놓쳐서는 안 된다. 구청장은 주민과 직원, 시와 중앙정부라는 상급기관 사이에 끼어 있는 존재다. 한편으로는 직원의 분발을 촉구해야 하고 다른 한편으로는 주민의 고충을 이해하고 설득해야 하며, 상급기관의 방침에 위배되지 않는 선에서 창의성을 발휘하고 이를 설득해야 한다.

이 책에는 해운대가 걸어온 수많은 고민과 노력뿐만 아니라 '도시경영' 전반적인 측면에서도 유용하게 참조할 만한 개념들을 폭넓게 담아내고자 노력했다. '컨슈머리즘' '비즈니스 마인드' '소통' '혁신' '돌파' 그리고 '트렌드 리딩'과 같은 핵심 개념들이 바로 그것이다. 이는 일반적인 기업 경영을 이야기할 때 흔히 접할 수 있는 말이기도 하지만 혁신적인 도시경영이나 오늘날 기초 자치단체가 나아가야 할 방향을 설정하는 데도 반드시 참조해야 할 개념이다. 해운대 구청장으로 일하는 동안 나는 이 사실을 절실히 깨달았다.

이런 내용을 주축으로 삼아 지난 10년 해운대구의 주요 행정, 단순한 구청장이 아니라 CEO로서의 역할까지 수행하면서 발휘했던 리더십도 동시에 평가해 보았다. 하지만 나도 사람인지라 못한 일보다 잘한 일을 더 많이 얘기할 게 분명하다. 사람의 심리가 원래 그러니 어쩔 수 없다 생각하고 너그럽게 헤아려주기 바란다.

이 책을 통해서 해운대구 주민들뿐만 아니라 전국의 많은 사람들이 부산 해운대를 새로운 눈으로 봐주고, 더 나아가 해운대를 사랑하는 마음을 가지게 되거나 그 마음이 한층 커지면 좋겠다. 또한 도시를 경영하는 지방자치단체장이나 이 일을 현장에서 실천하는 수십만 명의 일선 공무원들에게 지혜를 일깨우는 작은 자극이 되면 좋겠다. 아울러 많은 사람들이 기초지방자치단체인 시·군·구를 좀 더 깊이 이해할 수 있는 계기가 되기를 바란다.

2013년 가을
배덕광

1장

도시 경영에 첫발을 내딛다

가시밭길 위에 서서 웃는 사람

● 2004년 6월 5일, 지방자치단체 보궐선거가 실시되었다. 선거 다음날 새벽 5시에 나는 당선증을 받았고, 이튿날인 6월 7일에 해운대구청에서 취임식이 열렸다.

구청 대회의실에서 열린 취임식은 그야말로 북새통이었다. 100여 명의 유관기관 단체장들에게 초청장을 보냈지만, 지역 유지들을 포함해서 500명이 넘는 사람들이 취임식장을 찾았다. 그 바람에 구청 공무원들 다수가 앉을 자리가 없어서 사무실로 돌아가야 했다. 취임식이 구청 직원과 구청장이 첫 대면하는 자리가 아니라 외부 인사들을 위한 행사로 전락해버렸다는 말이 나왔을 정도였다.

취임식이 열린 시각에 구청 주차장은 지역 유지들이 몰고 온 고급 승용차들로 빈틈없이 들어차서 들어오려는 차와 나가려는 차가 서로 마주보고 서서 옴짝달싹 못할 정도였으니, 구청을 찾은 민원인들로서는 여간 불편한 게 아니었다. 모르긴 몰라도 이런 북새통을 본 구민이라면 누구든 마음이 편치 않았을 것이다.

실제로 취임식이 있던 출근 첫날 구청에서 나를 맨 먼저 맞이한 사람들은 부산지역 일반노조 청소대행업체 노조원 20여 명이었다. 이들은 내가 출근하기 한 시간 전부터 나와서 북과 꽹과리를 치며 농성을 벌이고 있었다. 내가 탄 차가 청사로 진입하자 농성 노조원들이 우르르 달려들었다.

"청소인부를 정식 직원으로 채용하라!"

"우리 임금을 구청에서 직접 지급하라!"

사정은 이랬다. 해운대구는 관내 세 군데 청소업체와 해마다 청소용역을 계약하는데, 이 업체들이 계약 당시 구청의 용역보고서 상 인건비보다 적은 액수를 지급한 문제로 노조원들과 회사가 갈등을 빚었고, 이 갈등이 원만하게 풀리지 않자 노조원들이 용역 발주처인 구청으로 직접 찾아와 구청이 적극적으로 나서서 이 문제를 해결하라고 요구했던 것이다.

아무튼 당시 구청 직원들은 달려드는 노조원들이 나에게 접근하지 못하도록 막았고, 노조원들은 저지를 뚫고 한사코 나에게 다가서려고 했다. 그러다 보니 이들 사이에 몸싸움이 치열하게 벌어지기도 했다. 그때만 해도 나는 그런 풍경조차 새로운 구청장을 맞이하는 일종의 환대라고 받아들였다. 그 누구도 아닌 구청장만이 받을 수 있는, 낙선자는 받고 싶어도 받을 수 없는 환대라고….

— 자신감과 맞바꾼 고난

시간이 많이 흐른 뒤에 구청 직원들은 그날 나의 모습을 개선장군 같았다고 회상했다. 해운대에 지연도 없고 학연도 없고 혈연도 없는 사람이, 그것도 해운대에 깊고 튼튼한 뿌리를 내리고 있던 전 구의회 의장을 경선에서 이기고, 또 선거에서도 압도적인 표 차이로 당선된 직후였으니 그 자신감이란 아마도 하늘을 찌르고도 남았을 것이다.

이런 나를 구청 직원들은 어떤 심정으로 바라보았을까? 어떤 이들은 긴장 속에서, 어떤 이들은 호기심으로 나를 바라보았다고 했다. 긴장한 쪽은 주로 간부들이었는데, '저 사람에 대해서 아는 게 거의 없다시피 한데 과연 내가 저 사람을 믿고 따라도 될까?' 하는 마음이었다고 한다. 얼토당토않은 인물이 어쩌다 선거에서 바람을 일으킨 덕분에 당선된 게 아닐까, 만일 그렇다면 앞으로 남아 있는 2년 구청장 임기 동안 많이 고달프겠구나, 하는 걱정도 동시에 뒤따랐다. 이와 달리 일반 직원들은 대체로 '배덕광이라는 사람이 세무사 출신인 것은 알겠는데, 도대체 어떤 사람이기에 생면부지의 이 해운대에서 구청장에 당선되었을까?' 하는 호기심을 가지고 나를 바라보았다고 했다.

이처럼 학연, 지연, 혈연도 하나 없이 해운대구청장으로 당선된 터라 나는 한없이 고무되어 있었고, 자신감은 하늘을 찌를 듯했다. 이런 자신감 때문에 내 앞에 험난한 가시밭길이 놓여 있다는 사실은 전혀 눈치 채지 못했다. 그때까지만 해도 내가 품었던 용기와 희망은 지역 주민의 크고 작은 고충이나 나날이 팍팍해져가는 살림살이와 같은 척박한 현실에 발을 디디지 못한 상태였다. 개선장군 같은 들뜬 희열감 때문에 발밑에 놓인 가시밭길이 주는 통증조차 느끼지 못했던 것이다.

— 가장의 일, 구청장의 일

무슨 일이든 자신이 직접 해보지 않으면 제대로 알 수 없다. 나 역시 처음 구청장에 당선되었을 때만 해도 구청이, 구청장이 구체적으로 무슨 일을 하는지 잘 알지 못했다. 보궐선거에 출마하기로 결심하고 각계의 전문가들과 함께 해운대의 발전 전략을 세우긴 했지만, 이런 거창한 차원의 이야기 말고 실제로 구청 공무원이 무슨 일을 하는지는 정확하게 알지 못했다는 말이다. 그래서 처음 몇 달 동안은 결재를 받으러 온 직원들에게 이런 것도 구청에서 하느냐는 나의 질문이 그칠 줄 몰랐다. 물론 입법과 사법을 제외한 모든 것이 행정이고 그 범위가 너무 방대해서 통일된 법전이 없다는 것, 또 형식이 다른 법에 비해 다양하다는 것은 알고 있었다. 그러나 실제로 경험해보니 구청은 다양함을 떠나서 법을 초월한 일도 치러내야 했다.

취임 첫해 어느 겨울밤이었다. 자정 무렵 청사포 뒷산에서 산불이 발생했다. 현장에 나가서 담당 과장으로부터 보고를 받는데, 어찌 된 일인지 구청 직원들이 모여들기 시작했다. 남자 직원은 물론이고 여직원까지 나왔으며, 심지어 며칠 전에 발령장을 받은 직원도 불을 끄러 나왔다. 동에 근무하는 여직원들도 삽이며 갈고리 등 진화 장비를 싣고 1톤 더블캡을 타고 달려왔다. 불은 소방서에서만 끄는 줄 알았는데 그게 아니었다.

취임 다음해인 2005년 3월 5일과 6일 주말 이틀 동안에는 부산에 37센티미터가 넘는 기록적인 폭설이 쏟아졌다. 1904년 기상관측 이래 101년 만의 폭설이라고 했다. 부산의 교통은 완전히 마비되었다. 일요일 새벽, 모든 직원은 걸어서 자기 부서의 행정 담당동으로 나갔다. 어떤 직원은 우동에서 달맞이고개 너머 송정까지 두 시간이 넘게 걸려서 걸어가기도 했다. 그렇게들 나가서 눈을 치웠다. 그런 와중에도 어떤 주민은 자기 업소 앞에 눈이 많이 쌓였다고 구청에 항의 전화를 했다. 주민 세금으로 월급 받으면서 눈도 안 치우고 뭐하느냐는 것이었다.

태풍 피해가 났을 때도 마찬가지다. 주민들을 대피시키고, 쓰레기를 치우고, 복구를 하는 일도 구청의 몫이다. 치매 노인이 집을 잃어버렸을 때도 먼저 병원에 입원을 시키고 가족들을 찾아준다. 집을 잃은 강아지도 한 달 동안 구청에서 보관하면서 주인을 찾아준다. 불법주차된 차량을 단속하는 것은 물론 공지에 폐차를 버리고 가는 것도 차주를 추적해서 찾아낸다. 그 밖에도 노래방 단속, 음식점 위생검사 등등 안 하는 일이 없을 정도다.

구민들은 명백한 개인 분쟁인데도 구청에 와서 데모를 하며 '배덕광 구청장 물러가라'고 고함을 질렀다. 구청에서 관장하는 업무도 아닌데 해결해주길 바라며 나더러 물러가라고 하는 말을 처음 들었을 때는 황당하기 짝이 없었지만, 이제는 충분히 이해한다. 구민들이 억울해하고 불편해하는데 구청장이 나 몰라라 할 수는 없는 노릇이기 때문이다.

훌륭한 가장은 가정경제의 10년 혹은 20년 계획을 세우고 자식들이 바르게 성장할 수 있도록 잘 보살핀다. 그러나 방에 침입한 징그러운 벌레를 잡거나 막힌 화장실 변기를 뚫거나 거실 형광등을 교체하는 작은 (그러나 생활에 꼭 필요한) 일을 제대로 하지 못하는 가장이라면 훌륭한 가장이라고 할 수 없을 것이다. 구정도 마찬가지다. 그러다 보니 구청장은 구청의 모든 업무를 구석구석까지 파악하고 있어야 한다. 하지만 처음 여러 달 동안, 심지어 다음해까지도 나는 허방을 짚기 일쑤였다. 아직은 초짜 구청장이었기 때문이다.

초짜 구청장 길들이기

●　처음엔 아는 게 없고 모든 게 허술하기 짝이 없었다. 그래서 구청의 업무 파악을 확실하게 하려고 구청 전체 직원을 한 명씩 일일이 만나서 해당 부서의 업무가 무엇인지 또 직원 개개인이 무슨 일을 하는지 파악하려고 노력했다.

구청장 결재는 보통 과장이나 팀장이 찾아와서 받는데, 나는 기안과 실무를 담당하는 7급 이하 직원들에게도 직접 결재를 받으러 오도록 해서 면담을 했다. 그 외 일반 직원은 과마다 찾아가서 과의 분위기도 보고 얼굴과 이름을 익히고 그들이 하고 있는 생각도 파악했다. 이 면담을 취임 석 달째인 2004년 8월까지 했다. 면담이라고는 했지만, 나중에 직원들에게 들은 이야기로는 당사자들 입장에서는 거의 취조 수준이었다고 한다. 출신 학교나 고향, 가족관계, 종교, 취미, 심지어 이런저런 사생활까지 물었으니 말이다. 그 이후에도 나는 수행하는 직원도 없이 불쑥불쑥 부서를 찾아가서 이것저것 물어보기도 하고 지시하기도 하고 결재도 받으며, 직원들과 격의 없는 대화를 하려고 노력했다.

모르는 사람을 처음 만날 때면 그 사람에 대해서 확실하게 알기 위해 노력하는 것이 중요하다. 그래서 고향도 물어보고 출신 학교도 물어보고 가족 관계도 물어본다. 특히 격식이나 허물이 없이 이런 사적인 대화를 하다 보면 그 사람을 좀 더 입체적으로 알게 되고, 더 나아가 신뢰를 쌓을 수 있다. 그러면 어떤 성격의 일이든 간에 꼬인 매듭도 술술 잘 풀린다. 이것이 내가 일하는 방식의 독특한 노하우이며, 또 한 편으로는 삶의 재미이기도 하다.

— 2년짜리 구청장의 비애

아무튼 이렇게 구청장으로 처음 취임하고 나서 부서별로 업무보고를 받았는데, 지방자치단체의 재정 형편이 밖에서 보던 것보다 훨씬 어렵다는 것을 알고 깜짝 놀랐다. 특히 체납액 규모가 엄청나다는 사실에는 더욱 놀랐다. 해운대구청 1년 예산의 4분의 1을 넘을 정도였다.

이건 아니다 싶었다. 그래서 체납세를 정리해야겠다고 생각했다. 그렇게 거두어들인 세금으로 주민 숙원 사업들을 해결하는 데 조금이나마 보태야겠다고 생각했다. 의무는 다하지 않고 권리만 누리며 무임승차하는 체납자를 줄이는 것이야말로 성실한 납세자를 보호하는 첫걸음이다. 이는 오랜 기간 동안 세무 공무원으로 살아오면서 몸에 밴 원칙이었다. 그런데 담당 과장의 반응이 영 미지근했다.

지역의 몇몇 주민 대표들도 고개를 저었다. 구청장에 당선되자마자 체납 정리에 들어가면 당사자들의 반발이 적지 않을 것이라고 했다. 내가 만나본 사람들 가운데 열에 일곱 이상은 조금 더 있다가 하는 게 좋겠다고 했다. 직원들도 마찬가지였다.

'조금 더 있다가 언제?'

나는 2년짜리 구청장이었다. 조금 더 있으면 1년이 지날 테고, 다시 1년이 지나면 구청은 다시 선거 분위기 속에서 술렁거릴 텐데 언제 하라는 말인가? 결과적으로 그건 하지 말라는 말이었다. 괜히 문제 일으키면서 사람 힘들게 하지 말고 조용히 있다가 가든지, 아니면 운이 좋아 재선에 성공하면 그때 본격적으로 하든지, 그때 가서 알아서 할 일이지 지금 왜 괜히 시끄럽게 새로운 일을 벌이느냐는 것이었다. 일을 새로 벌여 봐야 2년짜리 구청장, 게다가 초짜 구청장이 하는 일이니 제대로 되지도 않을뿐더러 사람들로부터 좋은 소리도 못 듣는다는 것이었다. 무엇보다 결정적인 이유는 새로 벌인 일의 뒷감당까지 전부 자기들 몫이고 안 그래도 고달프니까 제발 좀 가만히 있어달라는 말이었다. 사실 이것도 틀린 말이 아니었다. 그런 경우가 어디 한두 번이었던가?

직원들의 속마음을 일일이 꿰뚫어 볼 수는 없지만, 나도 공무원으로 살면서 잔뼈가 굵은 사람인지라 그런 분위기쯤은 눈치 챌 수 있었다. 물증은 없었지만 심증은 확실했고, 그렇게 초짜 구청장 앞에 놓인 벽은 높았다.

어떻게든 이 벽을 깨고 싶었다.

— 정책동장제도

'어떻게 하면 이 무기력한 분위기에 활력을 불어넣을까?'

그래서 생각한 게 정책동장제도였다.

동장으로 발령이 나는 사람들은 대개 5급 사무관으로 갓 승진한 사람들이었다. 이들은 사무관으로 승진한 뒤에 잠깐 쉬어가듯 동장으로 근무하다가 본청으로 들어오곤 했다. 그러다가 일정한 근무 기간이 지나면 서기관으로 승진했다. 이 태평하고 무기력한 제도를 바꾸고 싶었다.

그래서 생각한 게 이른바 정책동장제도였다. 5급 사무관에서 4급 서기관으로 승진할 대상자들을 일선 동장으로 내보낸 뒤 일정 기간 동안 각자 동정 업무를 창의적으로 개발해서 열심히 일하게 한 다음 구민들로부터 성과와 능력을 평가받도록 하고, 이 평가 내용을 승진에 반영해서 우선적으로 승진시키겠다는 것이었다. 담당 과장에게 이런 계획을 세워보라고 했더니 쭈뼛거리며 안 하는 게 좋겠다는 의견이 돌아왔다. 승진이 임박한 과장들이 우리 구의 주요 포스트를 맡고 있는데, 이 인력들이 대거 동으로 빠져버리면 인적 자원의 공백이 생겨 업무 추진에 차질이 생긴다는 게 이유였다.

이유는 또 있었다. 구청장에 임명되자마자 구청의 실세 사무관들을 초임 사무관들이 맡아오던 동장 자리로 나가라고 하는 게 '점령군'의 횡포로 비춰질 수 있다는 것이었다. 가만히 있으면 저절로 승진 대상에 올라서 승진이 될 텐데 굳이 동사무소로 나가서 표도 나지 않고 힘만 드는 일을 하라고 하면 고참 사무관들이 좋아하겠느냐는 것이었다.

그래서 어떻게 하면 좋을지 다시 의견을 물었더니, 자리가 잡히면 하는 게 좋을 것이라고 했다. 자리가 잡히면 언제? 그때는 또 선거를 치러야 하고 그 사이 2년이 후딱 지나가버리는데, 2년 뒤에 내가 다시 구청장을 하게 될 것이라는 보장도 없는데…. 그러니까 이번에도 역시 나중에 재선에 성공해서 입지가 구 안팎으로 탄탄해지면 그 때 가서 시도해보라는 말이었다.

이처럼 보이지 않는 힘이 초짜 구청장을 거부한 사례는 또 있었다. 장차 해운대구청에서 구정의 신화로 남을 정화조법 개정 문제가 바로 그것이다.

— 정화조 민원

시작은 2005년 12월이었다. 그해 마지막 반상회에 참석하려고 반송3동을 방문했다. 동의 업무보고를 받고 주민들의 건의사항을 듣는 자리에서 한 주민이 반송동 정책이주촌 주민들을 40년 가까운 세월 동안 괴롭혀왔던 이른바 '정화조 민원'을 해결해달라고 했다.

반송동은 1960년대에 정책적으로 조성된 마을로 대부분의 주택들이 10평 혹은 15평이어서 땅에 묻힌 정화조 크기도 10인용 이하가 대부분이었다. 그래서 생계수단으로 작은 분식점이나 PC방 같은 가게를 새로 내거나 업종을 변경하려고 해도 정화조 크기가 규정에 맞지 않다는 이유로 허가를 못 받는다는 것이었다.

현행 규정상 판매시설로 바꾸려면 건물 연면적당 0.4인분 용량의 정화조를 갖춰야 했다. 그런데 이 지역에는 정화조가 거실 아래나 계단 아래 등에 있어서 정화조 용량을 바꾸는 공사를 하려면 방구들을 들어내거나 마루를 뜯어내거나 이층으로 통하는 계단을 철거하거나 해야 했다. 공사비만도 이래저래 1,000만 원이 넘게 들었다.

그런데 그 반상회에서 주민 한 명이 이렇게 말했다.

"그러니까 20리터짜리를 묻으라 이건데, 이미 10리터짜리는 묻혀 있으니까 이걸 1년에 한 번이 아니라 두 번이나 세 번씩 청소하게 하면 될 거 아닙니까?"

옳다구나 싶었다.

그 길로 구청에 돌아온 나는 담당 과장에게 검토하라고 지시했다. 하지만 이번에도 돌아온 대답은 불가하다는 것이었다.

"이 문제는 반송동만이 아니라 반여동과 재송동의 문제이기도 하고, 그뿐만 아니라 전국적인 사항이라서 우리 구만 어떤 해결책을 만들기가 불가합니다. 관련 법령을 바꿔야 하거든요."

"그러면 법을 바꾸면 될 일 아닌가?"

법을 바꾸면 된다. 그 일이 쉬운 일이 아님은 나도 잘 알고 있었다. 주무 부서에서 불가 결론을 내린 사항이었지만 어떻게든 정화조 민원을 해결해야 한다고 생각하면서 간부회의에 다시 올려 재검토를 하라고 지시했다.

하지만 논의는 지지부진했다. 민선 4기 구청장 선거가 코앞이었고, 이제 곧 구청을 떠날 수도 있는 구청장의 지시를, 그것도 중앙부처에서도 하기 어려운 법 개정을 일개 구에서 추진하자는 지시를 직원들은 한 귀로 듣고 한 귀로 흘렸기 때문이다.

이처럼 정화조 민원 역시 2년짜리 초짜 구청장으로서는 아직 넘을 수 없는 높은 벽이었다.

— 해운대 알리기 홍보활동

이런 와중에도 나는 구청장으로서 해운대를 위해 무언가를 해야 한다는 강박관념에 사로잡혀 있었던 것 같다. 언제나 그렇듯이 눈앞에 놓인 것만 향해 서두르다 보면 어디선가 탈이 나고 구설수에 오르기 마련이다. 이런 일을 나는 구청장에 당선된 직후에 경험했다.

예나 지금이나 해운대구 하면 가장 먼저 떠오르는 게 해운대해수욕장이다. 당시에 나는 곧 있을 해운대해수욕장 개장을 알리는 행사를 기획하라는 지시를 내린 참이었다. 피서철 해운대구 해수욕장 홍보활동과 함께 다음해 APEC 정상회의가 해운대구에서 열린다는 사실을 알려서 더 많은 관광객을 유치하겠다는 목표를 세웠다.

이를 위해 나를 포함한 담당 공무원, 초중고생들로 구성된 40명 규모의 해운대청소년오케스트라 단원, 해운대구 일대 호텔 등 숙박업소 및 주요 관광시설 관계자 등 72명이 참여하는 대규모 홍보단이 꾸려졌고, 2004년 7월 12일 오후 서울역, 13일 오전 김포공항에서 해운대와 송정해수욕장을 홍보하는 '해운대 알리기' 활동을 펼쳤다. 오케스트라 연주회를 하고 홍보물을 돌리는 내용이었다. 학생들의 연주는 사람들에게 많은 박수를 받았다. 또 그런 만큼 소기의 성과도 거두었다고 자평했다.

그런데 이 행사를 하려고 서울로 출발하기 전에 부산의 한 지역신문이 비판하고 나섰다. 예산을 낭비하는 행사로 신임 구청장이 자기 얼굴을 알리려는 욕심이 과하다는 것이었다. 피서철이 되면 방을 구하지 못할 정도로 관광객들이 몰려드는데 굳이 교통비와 숙박비 등 예산 1,000만 원을 써가면서 서울까지 올라가 홍보할 이유가 뭐가 있느냐는 볼멘소리도 관광업계 관계자들 사이에서 나온다고 지적했다.

무턱대고 신임 구청장의 얼굴 알리기로만 몰아가는 게 무척이나 서운했다. 보통 지자체에서 자기 지역을 홍보하면 무슨 무슨 아가씨 선발대회에서 뽑힌 미녀들을 앞세우는데 오케스트라공연, 그것도 초등학생부터 대학생으로 구성된 아마추어 공연단이 아름다운 선율로 해운대구를 홍보하는 게 신선하다는 평가를 받았기 때문이다. 결과적으로 이 행사는 서울 지역 언론에도 소개되는 등 기대 이상의 찬사와 격려를 받았다.

하지만 다르게 보는 시선도 분명 있었다. 사실 그렇게 보면 맞는 말이고 옳은 지적이었다. 어떻게 보면 초짜 구청장 길들이기의 일환이었을 수도 있지만, 어쨌거나 구설수에 오를 일을 했다는 점에 대해서는 변명의 여지가 없는 일이고 현명하지 못한 처사였던 것 같기도 하다. 아마추어 같은 이런 모습을 벗어던지기까지는 시간이 더 필요했다.

비상 걸린 구청 살림

실제로 겪어보니 지방행정은 내가 30년 동안 몸담았던 조세행정과 많이 달랐다. 국세청 공무원은 정해진 세법에 따라서 세금을 찾아내고 걷어들이는 게 임무다. 지방 공무원은 그 세금을 행정서비스나 주민 편의시설로 주민들에게 돌려주는 게 임무다.

지방행정과 조세행정의 차이를 직설적으로 말하면 힘이 있고 없고의 차이다. 국세청에서 일할 때는 모든 업무 상대(업체)가 협조적이었다. 하지만 구청은 그렇지 않았다. 대형 사업에 대한 인허가권은 대부분 시에 있고 구에는 규모가 작은 인허가권만 주어졌다. 대신 수없이 많은 민원만 있었다.

그러나 가장 놀라운 점은 지방자치단체의 재정 상태가 너무도 열악하다는 사실이었다. 부자 동네라고 알려진 해운대구도 예외가 아니었다. 주민이 절실하게 원하는 사업을 해줄 여력이 없다는 게 놀라웠다. 도시 기반이 열악한 지역 환경을 개선하려고 해도 해운대구 자체 수입으로는 엄두조차 낼 수 없었다. 도로를 개설하는 사업에 투입되는 국시비 보조금도 매년 생색만 낼 정도여서 사업 하나가 몇 년째 질질 끄는 형편이었다.

한편 이런 내막을 모르는 주민들은 왜 구청에서 일을 제대로 하지 않느냐고 불만이었다. 지역 발전에 따라 재산세 등 세입이 엄청 늘어나는데 왜 예산이 없느냐고 따질 때마다 장황하게 이유를 설명하자니 여간 곤혹스럽지 않았다. 새로운 세원(稅源)은 중앙정부에서 가져가고 예전에 받던 지방세만으로 주민의 새로운 요구까지 충족해야 하는 이 복잡한 내용을 일일이 설명하기도 힘들었다. 구청이 쪼들리는 살림을 살아야 한다는 것은 의외의 복병이었다.

그럼에도 몇몇 지역에서는 주민들이 직접 지역 일을 의논해서 처리했는데, 이런 활동들이 구청의 자치행정을 능가하는 곳도 있었다. '반송세우기' '무지개야학' '외국인 한글교실' '달맞이언덕 야생화 꽃길' 등 구청의 지원을 바라지 않고 주민 스스로 기금을 마련해서 동네를 가꾼다는 사실은 의외였다. 세법에 따라 세금을 매기고 또 거두는 일이 중심이며 주민의 역할이 따로 필요 없었던 세무행정에서는 볼 수 없던 모습이었다. 취임 전에는 지역행정을 공무원만의 힘으로 이끌어간다고 생각했는데, 그게 아니었던 것이다.

기대와는 너무나 다른 지방행정에 처음에는 실망도 하고 걱정도 했다. 그러나 지방자치제가 도입된 뒤로 주민이 행정의 중심에 서고,

지방 공무원들은 종합행정으로 주민의 손과 발이 되어 더 많은 행정 서비스를 제공하기 위해 노력한다는 것, 단체장은 선출직으로 주민에게 신임을 얻어야 하기 때문에 점점 커져가는 주민의 요구에 어떻게든 부응해야 한다는 것, 그리고 또 중앙정부는 자치행정의 가장 중요한 부분인 재정을 쥐고서 지자체를 견제하는 수단으로 삼는다는 것 등을 이해하는 데 그리 오랜 시간이 걸리지 않았다.

— 파산 직전의 해운대구

빠듯한 구의 예산은 이미 감지하고 있었지만, 2006년이 되자 본격적으로 구청 살림에 비상이 걸렸다. 연초부터 135억 원 손실이 난 것이다.

원인은 복합적이었다. 가장 큰 요인이 2005년에 정부가 발표한 8·31 부동산대책이었다. 8·31조치의 여파로 부동산 거래가 줄어듦에 따라서 취득세와 등록세가 줄어들었고, 그 바람에 우리 구가 부산시에서 받는 지원금이 25억 원 감소했다. 게다가 2005년 종합부동산세가 신설되면서 구세에 포함되었던 종합토지세가 국세로 전환되었는데, 이에 대한 반대급부로 정부에서 받기로 한 부동산교부세가 기존에 받던 종합토지세 세입보다 적어 22억 원이 또 비었다.

이렇게 수입이 줄어든 반면 정부는 사회양극화를 해소할 목적으로, 자치단체의 재정 여건은 고려하지도 않은 채 시·군·구의 부담분을 높인 복지 사업을 계속 확대해나갔다. 주민에 대한 복지 혜택은 늘어났지만 구청이 감당해야 하는 예산도 덩달아 늘어난 것이다. 또 제4대 지자체 선거 비용을 부담해야 했고 기초의원 유급제가 시행되면서 새로운 비용 요인도 발생했다. 들어오는 돈은 줄었는데 나가야 할 돈은 늘어나니 큰일이었다.

구청에서는 2006년 1월 연초부터 직원들에게 올해 살림이 어렵다고 예고했다. 긴축재정을 위해 〈우리 구의 예산 현황과 전망〉이라는 교육 자료를 만들었다. 직원들이 우리 구의 수입과 지출에 대한 이해를 돕고 절약할 수 있는 부분은 최대한 허리를 졸라매며 유일한 해결방안인 세원 발굴에 관심을 가지라는 뜻이었다.

사실 긴축재정 운영은 이미 2005년부터 시작되었다. 지출을 최대한 억제하고 경상비까지도 최대한 줄여나갔다. 그 와중에 예산이 없어 공사 중단 위기에 놓인 반송보건지소를 위해서 지방채 16억 원을 발행했고, 2006년에 또다시 해운대문화회관 건립을 위해 18억 원 규모의 지방채를 발행했다. 악순환이었다.

구청의 세출예산 구조를 보면 도저히 줄일 수 없는 경직성 지출(예를 들면 인건비, 법적으로 지출하게 되어 있는 의무적 필수경비와 국시비 보조금의 구비부담금) 등 기본소요비가 96.5%를 차지한다. 이 말은 구청의 세입세출 구조상 가용재원의 여지가 없어서 기반시설 확충 등의 투자 사업이 거의 불가능하다는 뜻이다.

하지만 수지 불균형은 여기서 그치지 않았다. 잇따라 지출 요인이 발생했고 연말을 불과 석 달밖에 남겨놓지 않은 시점에서 구청이 파산 위기에 놓이게 된 것이다. 이런 현상은 그 후로도 3년간 계속되어 직원 인건비를 본예산에 전액 책정하지 못하고 추경예산에서 겨우 충당하는 일마저 벌어졌다.

물론 이런 문제는 비단 우리 구뿐만이 아니었다.

당초 참여정부는 2004년 1월 '지방분권특별법'을 공포하고 지방분권을 국정 10대 과제 중 하나로 선정했다. 그러나 지방분권 정책과 사무이양에 따른 지방재정 부담은 지속적으로 증가했고 재정여건은 점점 악화되었다.

전국 시장군수구청장협의회는 이 문제로 연일 대책회의를 열었고 중앙정부에 해소책을 건의했다. 하지만 결국 지방정부의 재정난으로 지방정부는 중앙정부에 더욱 많이 의존하게 되었고, 그 결과 지방정부는 중앙정부에 예속되다시피 했다.

특히, 현행 제도상 기초자치단체인 시와 군에 대해서는 일반재원으로 사용할 수 있는 보통교부세가 교부되고 있지만, 광역시 자치구에 대해서는 오로지 시세 중 취득세와 등록세의 51% 재원을 교부함으로써 광역시 자치구와 시군의 재정 격차 불균형을 부채질했다. 사정이 이렇다 보니, 현재 반송에 있는 건강증진센터에서 진행하는 수영이나 헬스 등 프로그램 수강료는 인근의 기장군에 있는 비슷한 기관에서 진행하는 프로그램 수강료보다 비싸서 주민들로부터 해운대구는 프로그램을 왜 이렇게 비싸게 운영하느냐는 불만 섞인 핀잔을 듣기도 한다.

이런 파산 직전의 재정난은 2010년 말이 되어서야 숨통이 트였다. 국세인 부가가치세의 일부가 지방소비세로 전환되고 부산광역시세였던 도시계획세가 자치구세인 재산세에 포함되는 변화가 있었기 때문이다. 이로 인해 해운대구의 재산세는 2010년 290억, 2011년 507억 원으로 재원이 증대되는 효과가 나타났다.

아무튼 예산 부족 문제는 임기 내내 골치를 썩여야 하는 문제였고, 이 문제는 더 많은 사업을 구상하고 시작할수록 점점 더 커졌다. 이 문제를 해결하지 않고서는 아무런 일도 할 수 없었다.

개발과 환경의 기로에서

● 개발과 환경은 모순관계다. 해운대에 주어져 있는 자원을 개발해서 주민의 삶의 질을 높이고 부가가치를 높이며 구청과 주민의 소득을 높이는 것도 구청의 과제이고, 또한 해운대가 가지고 있는 천혜의 아름다운 자연을 온전하게 보존해서 후손에게 물려주도록 통제하는 것도 구청의 과제다. 이 모순은 어떤 지자체 혹은 어떤 중앙정부도 다 안고 있는 과제다. 특히 해운대구에서 이런 갈등은 더욱 두드러지게 나타났다. 해운대구는 최근 10년 동안 워낙 빠르게 발전했고 개발에 따른 이익이 그만큼 컸기에 개발론자들의 목소리 또한 클 수밖에 없었던 것이다. 그러자 여기에 대응하는 환경단체의 반대 목소리 또한 자연스레 커질 수밖에 없었다.

특히 전 국민의 관심사인 '2005 APEC 정상회의' 준비로 이런 갈등은 한껏 고조되었다.

APEC과 운촌마을

해운대구로서는 APEC이 도시 브랜드 가치와 향후 경제적 효과를 높일 절호의 찬스였다. 다시 오지 않을 이 기회를 활용하기 위해서는 전 구민이 해운대 홍보대사이자 APEC 준비요원이 되어야 했다. 또한 행사에 필요한 공간을 마련하고 단장하기 위해서는 부득이하게 개인이 희생되어야 하는 일도 생길 수밖에 없었다. 그런 일이 운촌마을에서 벌어졌다.

지금 해운로에서 동백섬으로 진입하는 곡각지에 '운촌 APEC 공원' 이 조성되어 있다. 그런데 이 공원을 조성하기 위해서는 운촌마을이라는 자연부락을 철거해야 하는 어려움이 있었다. 당초 이 부락의 가옥들은 모두 낡고 허름했다. 그 이전에도 재개발지로 검토되었을 만큼 환경 또한 매우 불량했다. 각국 정상들이 회의장이 있는 동백섬으로 진입하는 입구에 자리를 잡고 있어서 어떤 식으로든 정비를 해야만 했다.

하지만 주민 입장에서 보면 조상 대대로 물려받은 삶의 터전을 옮겨야 하는 일은 청천벽력일 테니, 운촌마을의 주민을 이주시키고 총 35동 가옥을 철거하는 일이 순조롭지 않을 것임은 분명했다. 다행히 민간사업자가 공원 예정지 옆에 아파트를 지으려고 이미 토지를 매입하고 있었다. 철거 대상 가옥 35동 가운데 아파트 건립 부지에 속한 토지와 가옥을 민간업자가 매입하고 있던 상황이라서 구로서는 그나마 부담을 조금 덜 수 있었다.

예상대로 몇몇 주민들은 강하게 반발했다. 구청을 찾아와 입에 담을 수도 없는 험악한 욕설로 담당 직원을 협박했고, 이 직원은 정신적인 충격으로 병원에 입원하기도 했다. 이런 쉽지 않은 과정이 다섯 달 동안 이어졌고, 결국 전체 주민 가운데 한 가구만 빼고 모두 보상금을 수령해갔다. 구는 이의를 제기한 한 사람을 위해 건설교통부 중앙토지수용 위원회에 재감정을 요청했다. 착공 시일이 급박해서 담당자는 건설교통부에 찾아가 빨리 재감정을 해달라고 재촉한 끝에 결국 보상을 마무리했다. 이때가 2005년 4월이었다.

이렇게 해서 2005년 9월에 공원이 완공되었다. 국가적 행사를 위해 오랜 삶의 터전을 내어준 주민들에게 감사하고 역사가 깊은 운촌마을을 기념하는 뜻에서 이 공원의 이름을 '운촌 APEC 공원'이라 지었다. 총사업비 60억 원 가운데서 보상비만 57억 원이 들어간 비싼 공원이었지만, 그 보상금이 조상 대대로 살아온 땅을 떠나야만 하는 주민들에게 충분한 보상이 되지 못했음은 분명하다. 주민의 그런 희생까지도 오롯이 이 공원의 역사로 기록되면 좋겠다.

APEC을 성공적으로 개최할 수 있었던 데는 운촌마을 주민들 외에도 수많은 사람들의 희생이 있었기 때문이며, 그 가운데 특히 빼놓을 수 없는 사람들이 동백섬 인근에서 해산물을 채취하는 해녀들과 이 해산물을 받아 웨스턴조선호텔 뒤편, 즉 정상회의장 진입로 입구 쪽 해변 자갈마당에서 해산물을 판매하는 노점상들이었다.

— 동백섬 노점상의 아름다운 양보

노점상인들을 설득해서 해산물 채취 및 판매라는 생업을 포기하도록 하는 일은 우리 구에서 발족한 'APEC 지원단'이 본격적으로 활동을 시작한 2004년 10월부터 시작되었다.

처음에는 철수·철거를 완강하게 거부했지만 APEC 분위기가 점차 고조되자 어쩔 수 없이 구청의 방침을 따를 수밖에 없음을 깨달았다. 그러면서 요구조건을 내걸었다. APEC 행사가 끝난 뒤에 다시 같은 장소에서 채취·판매를 할 수 있도록 보장해주든지 아니면 별도의 영업 공간을 구청에서 마련해달라는 것이었다.

하지만 APEC 이후 동백섬은 세계적으로 유명한 장소가 될 게 분명할 뿐만 아니라, 그때까지 나와 있던 동백섬 조성계획에 따르면 데크 산책길이 만들어진 다음에는 해변에 직접 접근할 수 없도록 되어 있어서 도저히 받아들일 수 없는 요구조건이었다.

이 과정에서 해녀들은 구청장실 앞에서 농성을 벌이기도 했다. 복도에 드러눕는 것만 해도 여러 번이었고, 내가 외부 행사에 참석하려고 나갈 때면 앞을 가로막고 삿대질을 하며 욕을 퍼부어댔다. 간담회가 여러 차례 열리긴 했지만 구청의 입장을 설명하기도 전에 아수라장이 되기 다반사였다. 구청에서는 저리 융자를 제안했지만 해녀와 노점상들은 그것도 어차피 빚이라면서 거부했다.

해가 바뀌어도 해결의 실마리가 보이지 않았다. 새로운 전략이 필요했다. 노점상 측에서 요구하고 있는 실현 가능성이 없는 일들을 아무리 조목조목 반박해 봐야 소용이 없었다. 그것보다는 구청이 그들에게 해줄 수 있는 일을 찾아야 했다.

그래서 해녀와 노점상을 개별적으로 접촉해서 가정형편을 조사하고 각자가 원하는 조건을 듣고 우리가 지원할 수 있는 방안을 연구했다. 자기가 해녀 일을 그만두는 대신 아들을 취직시켜달라는 사람도 있었고, 생활안정기금을 저리로 융자해달라는 사람도 있었으며, 인근 시장에서 노점상을 하게 해달라는 사람도 있었다. 이런 과정을 거쳐 해운대해수욕장 파라솔 운영권을 이들에게 제공하는 안이 마련되었다.

파라솔 운영권이란 해수욕 시즌 두 달 동안 백사장에서 파라솔 영업을 할 수 있도록 구에서 지정해주는 것으로, 피서객들을 위해 백사장에 돗자리, 파라솔, 튜브를 대여하는 일을 매년 관내에서 활동하는 봉사단체에 주고 있었다. 이 영업은 여름 한철 날씨만 좋으면 상당한 수익을 얻을 수 있는 장사였다. 한여름 두 달 동안 뜨거운 햇볕 아래서 지내야 하지만 아침에 비품들을 준비해놓기만 하면 피서객들은 수없이 밀려오기 때문에 애타게 손님을 기다릴 필요도 없고 특별한 투자 없이 영업을 할 수가 있었다.

해운대구는 노점상 측에 이 파라솔 운영권을 우선적으로, 그것도 가장 좋은 위치인 해수욕장 진입로 쪽을 제시했다. 그리고 마침내 노점상 측은 해수욕장 파라솔 운영권을 받고 최대 2,000만 원의 생활안정기금을 저리로 융자받는다는 조건에 합의했다. 2005년 4월 19일

2005년 4월. 노점상 측은 해수욕장 파라솔 운영권을 받고 최대 2,000만 원의 생활안정기금을 저리로 융자받는다는 조건에 합의했다. 그 뒤 노점상들은 자진해서 철거를 했고(위), 지금의 아름다운 산책로가 그 자리에 들어섰다(아래).

이었다. 그 뒤 노점상들은 자진해서 철거를 했고, 지금의 아름다운 산책로가 그 자리에 들어섰다.

나중에 이 사례가 협치행정의 모델로 선정되었고, 나는 2005년 6월 18일 서울 백범기념관에서 열린 지방행정혁신 대토론회에 참석해서 혁신 성공사례로 이 내용을 발표했다.

노무현 대통령을 비롯하여 국무총리, 감사원장, 국정원장, 각 장관들, 그리고 전국 254개 자치단체장이 모인 자리에서 나는, 힘이 아닌 설득과 협상으로 노점상들이 저절로 물러나도록 한 과정을 소상히 보고했다. 40년 동안 생계의 수단으로 삼았던 터전을 포기시키는 일은 매우 어려웠을 뿐만 아니라 구청장으로서 하루 벌어 하루 먹고 살아가는 가난한 사람의 일자리를 없애는 것이 너무나 안타까웠지만 달리 도리가 없었던 나의 심정과 함께, 직원들의 끈질긴 설득과 인간적인 노력이 노점상들을 움직였으며 노점상들도 APEC이란 국가적인 큰 행사를 위해 많은 것을 양보한 아름다운 일이었다고 보고했다.

그런데 나는 사례발표 끝에 해프닝을 연출했다. 그날의 주제와 전혀 상관이 없는 어떤 일을 대통령에게 건의했고, 대통령이 내 발언을 중단시키는 일이 일어난 것이다. 남들 눈에는 황당할 수밖에 없는 일이었지만, 나로서는 절박한 일이었다. AID 아파트 재건축과 관련된 문제였다.

AID아파트 재건축

당시 나는 구청장에 취임해 당면한 엄청난 난제들 가운데서도 특히 AID 재건축 문제로 골머리를 앓고 있었다. 밤에 잠도 제대로 자지 못할 정도였다. 저층 아파트를 지으라는 환경단체와 사유재산권 행사를 주장하는 재건축조합 사이에 끼어서 이러지도 저러지도 못하는 상황이었는데, 마침 대통령 앞에서 보고할 기회가 생기자 이런 상황을 건의해보자는 생각이 들었던 것이다.

"오늘로 해운대구청장을 1년 11일째 하고 있습니다. 30년 전 해운대 달맞이언덕에 건립된 AID 차관 아파트를 제가 며칠 전에 재건축 결정 입안을 했습니다. 그런데 지금 달맞이언덕의 아름다운 경관을 망치려고 하느냐 하는…."

내 발언은 거기에서 끊겼다. 정부차원에서 달맞이언덕의 경관을 지킬 수 있도록 지원해달라는 말을 더 하려고 했지만 대통령이 내 말을 끊은 것이다. 그때의 돌발적인 행동은 지금 생각해도 무슨 배짱으로 그랬나 싶다.

나중에 대통령은 내 말을 끊어서 미안했다면서 이렇게 말했다.

"몇 초 상관 아닌데 중간에 말씀을 끊어서 죄송합니다. 오늘 토론이 너무 잘 돼서 주제 밖으로 나가는 것이 너무 아쉬워 본인도 절제를 못했습니다. 너그럽게 이해해주시고 그 문제에 대해 서면으로 보내주시면 다시 한 번 검토해보겠습니다."

지금 생각하면 용기가 대단한 것이었는지 의욕이 앞섰던 것인지 모르겠다. 하지만 분명한 것은 그 당시에 나는 너무도 절박한 심정이었다는 점이다.

— 10년을 끌어온 AID아파트 재건축사업

AID아파트는 1975년 대한주택공사에서 AID(당시 국제개발처) 차관을 도입해서 건립한 2,060세대의 대규모 주택단지다. 아파트가 들어설 당시만 해도 이곳은 해운대의 유일한 대단위 아파트단지였고, 인근에 고리원자력발전소가 있어 외국인도 많이 입주해 있던 고급 주거지였다.

하지만 30년이나 지난 이 아파트는 노후하여 재건축을 기다리고 있었다. 내가 취임하기 전인 2003년에는 재해위험시설 D등급을 받았다. 또 그해 7월에 있었던 집중호우 때는 수압으로 지반에 부풀림 현상이 일어나 축대가 유실되었고, 그 바람에 한밤에 주민이 대피하는 소동이 벌어진 뒤 1개동이 철거되는 등 재난위험시설로 지정되었다.

AID 재건축 논의는 1990년대 말부터 시작되었는데, 조합 구성문제로 계속 시간을 끌다가 2003년 재건축조합이 새로이 정비되면서 본격적인 재건축사업이 추진되었다.

AID아파트는 당초 용적률(일정한 넓이의 땅에 건축물이 올라가는 총면적을 %로 산정한 수치) 200% 이내에 15층 이하의 건물만 지을 수 있게 되어 있었지만 재건축조합 측은 용적률 300% 이하의 적용을 받

AID아파트는 1975년 대한주택공사에서 AID(국제개발협회) 차관을 도입해서 건립한 2,060세대의 대규모 주택단지다. 아파트가 들어설 당시만 해도 이곳은 해운대의 유일한 대단위 아파트단지였다. 사진은 당시 공사 현장.

도록 변경하려고 구청에 지구단위 변경계획안을 제출했다. 그러나 이때 계획을 입안하는 권한이 시로 이관되었다가 2004년에 다시 번복되는 일이 발생하면서 AID 재건축 문제는 처음부터 꼬일 대로 꼬여 있는 상황이었다.

조합 측은 2004년 12월에 다시 계획안을 제출했지만 해운대구는 공청회와 환경영향평가 등을 거쳐 빨라야 연말에나 입안권을 행사한다는 방침을 세웠다. 하지만 달맞이언덕 서북쪽 경사면에 위치한 입지적 특수성 때문에 개발과 환경보존 논리가 갈등을 빚으면서 구청에서는 어떤 결정도 내리지 못한 채 해를 넘겼다.

시민단체와 재건축조합은 팽팽하게 맞섰다. 시민단체는 부산의 대표 명승지인 달맞이언덕 인근에 고층 아파트를 세우는 일은 절대로 안 된다면서 국가 또는 지방자치단체가 AID아파트 토지를 사들여서 공원을 조성하거나 아니면 이곳에 연립주택 중심의 저층 저밀도 개발을 해야 한다고 주장했다. 이에 반해서 재건축조합은 재건축 사업에 아무런 법적 하자가 없는데 시민단체가 실현 가능성이 없는 요구 조건을 내세워 재건축사업 자체를 못하게 가로막는다는 입장이었다. 이런 상황에서 언론이 재건축조합에서 제시한 안을 시뮬레이션해서 보도했고, 부산 전체가 반대 목소리로 들끓기 시작했다.

2004년 6월에 취임해서 이런 현황을 듣고 나니 참으로 난감했다. 환경을 생각하자면 달맞이언덕 일대에 고층 건물이 들어서서는 안 되지만, 아파트가 너무 낡아 언제 다시 붕괴될지 모르는 위험한 상태였으며 이미 재건축 승인이 되어 있는 마당이라 법적 하자는 없었다. 시민단체에서 원하는 수준으로 층고를 낮춘다면 사업성이 맞지 않기 때문에 건설업체가 나서지 않을 게 분명했고, 영세한 입주민들 입장에서 보면 막대한 추가 분담금을 부담할 능력도 없었다.

나는 전문가, 언론인, 교수들을 찾아다니며 자문을 구하고 관련 직원들의 의견을 들었다. 시민 공청회도 열었고 전문가를 초빙해 자문위원회까지 만들어 양 측의 공식적인 입장도 들었다. 연일 항의를 하러 온 조합원들과 시민단체와 토론을 벌인 것도 한두 번이 아니었다.

2005년 4월에는 구청 대회의실에서 AID아파트 주민 500여 명이 참석한 가운데 간담회를 열었다. 주민들은 이날 간담회에서 최근 지진 발생 이후 아파트가 더욱 많이 기울어져서 언제 무너질지 모른다면서 지구단위계획 절차를 이행하지 않는 이유가 뭐냐고 따졌고, 지구단위계획 입안 이전에 했던 공청회를 없던 것으로 하고 환경영향평가를 철회하라고 요구했다.

이윽고 간담회는 고성이 오가고 우격다짐이 난무하는 아수라장이 되었다. 누군가 나에게 물병을 던졌고, 나는 그 물을 고스란히 뒤집어썼다. 그렇게 분위기가 험악해지자 해운대경찰서장이 한걸음에 구청으로 뛰어왔다. 이런 아수라의 현장이 9시 뉴스에 그대로 방송되었다.

시민단체는 만일 구청이 조합에 고층 승인을 하면 낙선운동을 펼치겠다면서 해운대가 존립하는 한 두고두고 욕먹을 것이라는 압력과 저주를 퍼부었다. 반대로 조합은 조합대로 이번 여름비에 아파트가 무너질 것이라면서 생존권을 보장하라고 고함을 질러댔다.

5월에는 '해운대를 사랑하는 모임' 주최로 올림픽기념 국민생활관에서 "AID아파트 재건축의 올바른 방향"이란 주제로 공개토론회가 열렸다. 개발과 환경보존을 놓고 서로 한 치의 양보도 하지 않는 대립선상에 있는 시민단체와 재건축조합 그리고 이 양자를 중재해야 하는 입장인 해운대구청이 시민토론회를 통해서 합리적인 대안을 찾아보자는 취지였다. 이 토론회는 시종일관 긴장 속에서 진행되었다. 고층은 안 된다는 모 패널의 발언에 재건축조합 측에서 흥분했고, 일순 분위기가 일촉즉발의 긴장 상태로 달아올랐다. 토론회는 이처럼 험악한 분위기 속에서 위태위태하게 진행되었다.

나는 직원들과 머리를 맞대고 신중하게 검토에 검토를 거듭했다. 그런 다음 원칙을 정리했다. 재건축은 피할 수 없다, 그러니 원칙적으로 조합 측도 시민단체 측도 받아들일 수 있는 안을 만들어 보자, 무조건 낮게 짓는 것이 스카이라인을 살리는 것은 아니다, 고층과 저층을 잘 조화시켜 멀리서 바라볼 때 무리가 없는 스카이라인이 형성되는 안으로 갈 수 있도록 유도하자….

그러나 2005년 5월 이후에도 변경안에 대해서 시의 반려가 거듭되었다. 조합원 측에서 새로운 변경안을 제출할 때마다 시민단체는 환경 훼손은 물론 신시가지 주거 환경에도 악영향을 미칠 게 불 보듯 뻔하다면서 100만 명 서명운동 등 강력한 반대 운동을 펼치겠다며 으름장을 놓았다. 부산시도 아무런 심의 절차 없이 해를 넘겼다. 이런 과정을 거치는 동안 한 가구에서 천장 일부가 내려앉는 바람에 자고 있던 다섯 살 아이가 다리에 중상을 입는 사고가 발생했다. 결국 건물 붕괴를 우려한 주민들이 집을 비운 채 이사를 하기 시작해서 2005년 말에는 전체 2,058가구 중 160가구가 빠져나가기도 했다.

— 새로운 아이디어, 새로운 해결책

해를 넘겨 2006년 1월, 부산시는 AID아파트에 대해 용적률을

220% 수준으로 낮추고 최고 층수도 25층 이하로 낮춰 재심의를 받을 경우, 건축가협회와 건축사협회, 건축학회 등 건축 세 단체의 의견을 들어 통과 여부를 결정짓겠다고 제안했다.

그런데 부산시의 이런 가이드라인 제시에 재건축추진위원장은 크게 반발했고, 시민단체와 재건축조합 사이의 대립은 극단으로 치달았다. 급기야 용적률 등 건축 밀도를 과도하게 하향조정해 심의·결정했다는 이유로 재건축조합원들이 부산시청을 9일 동안 점거하는 초유의 사태가 발생했다. 그 뒤 시와 재건축조합은 1월 20일에 용적률과 고도를 각각 220%와 25층 이하로 낮춰 재건축을 한다는 데 극적으로 합의했다. 이 합의에는 부산시에 제공하는 공공용지 규모를 6,000평방미터가량 줄여주고, 가구당 이주비 대출에 따른 이자의 1%를 부산시가 부담하는 한편 도로와 공원 등 기반시설 설치비의 최대 50%(30억 원 한도)를 지원키로 한 내용도 포함되었다. 재건축조합 측은 최선은 아니지만 협상의 돌파구가 열렸다는 점에서 만족했다.

한편 당사자들 간의 입장이 첨예하게 대립되는 문제를 해소하기 위해 해운대구는 부산지역 건축 관련 세 단체(건축사협회, 건축가협회, 건축학회)의 의견을 수렴하는 데 다시 초점을 맞추었다. 그 결과 국제적인 건축가들의 아이디어를 도입하여 환경 보존 및 도시 경관에 가장 잘 부합하는 작품을 선정하자는 쪽으로 결론이 났다. 조합 측에서 이 제안을 받아들이자 부산국제건축문화제 조직위원회와 재건축조합, 부산광역시, 해운대구가 현상공모 절차 및 내용을 협의했고,

(이 기간 사이에 나는 민선4기 제5대 해운대구청장으로 재선에 성공했다.) 석 달 동안의 협의를 거쳐 2006년 8월 AID아파트 재건축조합과 부산 국제건축문화제조직위원회가 국제공모전 계약을 체결했다. 이는 국내 민간아파트 건립에 최초로 도입되는 방법이었던 터라 국내 건축 학계에서도 뜨거운 관심을 보였다.

결국 2006년 12월 부산 소재 한미종합건축사사무소와 미국 GDS 아키텍트사가 공동으로 설계한 작품이 최종 당선작으로 선정되었다. 최저 35층, 최고 53층 높이의 타워 9개 동과 테라스하우스 6개 동, 아티스트 빌리지 6개 동으로 이뤄진 당선작은 '바다에 둘러싸여 있다'는 의미의 'Sea Colony'라는 출품 콘셉트답게 주변의 바다와 아파트 경관의 조화에 초점을 맞췄다. 외부에서 보는 도시 경관과 아파트 단지 내부에서의 전망을 모두 고려했고 공적인 공간과 사적인 공간이 가장 조화롭게 연계된 독창적인 제안이라는 게 심사위원단의 평가였다.

국제공모 당선작이 결정된 후 여전히 고층이라는 점에서 시민단체의 반대 의견이 있었지만, 처음 재개발조합 측에서 제시한 안보다 확실히 다른 안이어서 더 이상 이견이 나오지는 않았다. 이렇게 해서 내가 구청장으로 재임하는 기간 동안 가장 어렵고 힘들었던 현안 사항이 해결된 셈이었다.

마린시티의 탄생

마린시티는 센텀시티와 더불어 국제 산업과 관광, 축제가 집약된 곳이자 국내 최고층 아파트가 몰려 있는 대규모 주거 지역이다. 바다 위로 솟아올라 하늘 끝까지 닿을 듯 높이 뻗은 마천루는 해운대뿐 아니라 부산의 랜드마크, 더 나아가 한국의 명소로 손꼽히기에 손색이 없는 도시다.

이곳은 본래 1987년 12월에 완료된 동백섬 서쪽의 매립지를 가리키는 명칭이었다. 마린시티란 이름을 붙이기 전까지는 이곳을 수영만 매립지라고 불렀다. 수영만은 옛 수영비행장이 있던 곳에서 우동 운촌마을을 거쳐 동백섬까지 이어지는 한적한 어촌이었는데 부산시에서 이 지역을 매립하여 12만 평에 달하는 새로운 부지를 조성했기 때문에 매립지라는 말이 붙었다.

애초에 부산시는 수영만을 수변형 종합위락단지로 조성, 해운대권 관광지와 연계하여 지역사회 개발을 촉진할 계획을 세웠다. 그 후 1991년 5월에 '수영만 매립지 상업지역 도시설계'를 수립하고 이곳을 해양관광, 국제회의시설, 호텔, 판매, 업무, 주거 등 기능을 중심으로 한 수변형 상업지역으로 개발하기로 방향을 정했다. 또 1998년 5월까지 네 차례에 걸친 도시설계 변경을 통해서 용적률과 건축용도 제한 등의 내용을 변경했다. 나중에 문제가 되는 상업지역 내의 공동주택 허용 세대수 총 2,438세대도 이때 결정되었다.

그러나 매립 후 10년 이상 세월이 지나는 동안 주위의 여건이 많이 변했다. 인근 광안리 및 해운대해수욕장 일원과 센텀시티가 관광위락 상업지역으로 성장하면서 수영만이 상업지로서의 매력이 떨어진 것이다. 그러자 토지 소유자들이 개발 이익을 얻기 위해 상업시설이 아닌 공동주택을 짓기 시작했다.

2004년 6월 민선3기 구청장으로 취임할 당시 수영만 매립지는 전체 3분의 2가 개발 완료되었거나 사업 진행 중에 있었다. 공동주택으로 건립 가능한 2,438세대에서 이미 건립했거나 예정된 공동주택 세대수를 빼면, 미개발지에 더 들어설 수 있는 공동주택은 500세대밖에 없었다.

그래서 2004년 4월, 수영만 매립지 미개발지의 토지소유자인 현대산업개발과 대원플러스가 총 4,950세대의 공동주택 세대수 증가를 골자로 하는 지구단위계획 변경안을 이미 부산시에 제출한 상황이었다. 그러자 언론에서는 특혜 의혹을 제기했다. 이처럼 수영만 매립지 문제는 내가 취임하기 전부터 이미 뜨거운 감자였다.

— 수영만 매립지의 난개발을 막아라

취임 직후 나는 수영만 매립지 문제에 관해 담당부서의 설명을 반복해서 들으며 업무를 파악했고, 또 담당부서의 의견을 존중하면서 전문가들의 의견을 폭넓게 수렴했다. 최종적으로는 현대산업개발과 대원플러스가 신청한 변경안이 우리 구에서 지속적으로 견지해왔던 방향과 맞지 않다고 판단하고, 2004년 11월 17일자로 보완을 요구했다.

보완 요구 내용은 수영만 매립지와 인접한 해운대해수욕장, 요트경기장, 영화촬영소 등과의 관계를 고려해서 당초 목적에 부합되는 상업시설과 수변공원 등의 공공시설을 대폭 수용한 문화·관광·위락·업무·공공 기능이 있는 종합적인 안을 2005년 2월 28일까지 보완해서 제출하라는 것이었다. 그 이후 제출된 수정안에 대해서도 두 차례에 걸쳐 보완 지시가 내려졌고, 세 차례에 걸쳐 자문위원회 및 설명회를 개최하여 검토했다. 하지만 끝내 우리가 요구하는 안과 민간업자가 요구하는 안 사이에는 간극이 너무 커서 결론에 도달하지는 못했다.

이미 전체 면적의 70% 이상이 부산시의 허가를 얻어 주거지로 개발되고 있었기에 전체적인 종합계획이 불가능한 시점이었지만, 그래도 구는 바람직한 개발방안을 마련하기 위해 민간전문가 7명과 관련 공무원들로 자문위원회를 구성하고 계속해서 토론회를 가졌다. 미개발부지 4만 평마저 난개발이 되도록 포기할 수는 없었다.

이 와중에도 지주 측에서는 빨리 변경 안으로 입안해주도록 여러 경로를 통해서 끈질기게 압박했다. 심지어 부지를 분할 매각하겠다는 말을 흘리기도 했다. 동일한 부지 내에서 다른 건설업체들의 난개발이 이미 진행된 상태인데 벌써 여러 해째 소유 부지를 개발하지 못해 연간 수십억 원에 이르는 종합토지세만 내고 있었으니 그들로서도 이만저만 큰 부담이 아니었기 때문이다.

여러 차례 열린 자문위원회에서 지주 측은 공신력 있는 전문기관에 객관적인 타당성 연구를 의뢰하자는 안을 제시했다. 그래서 즉시 부산발전연구원(BDI)에 의뢰했고, BDI에서는 객관성을 담보하기 위해 용역비 전액을 자체 부담했다. 이에 따라 2006년 1월에서 7월까지 수영만 매립지 내의 공동주택 추가 허용의 타당성 및 적정 개발 수준의 연구가 진행되었고 그 결과가 제출되었다.

그 요지를 살펴보면 기존의 지구단위계획의 공동주택 건립세대수는 학교 등 공공기반시설이 유발되지 않는 2,438세대 이하로 제한했으나, 업무시설·오피스텔의 주거 전용화 등에 따른 부작용을 고려하지 못함으로 인해 주거 단지화를 가속화시킨 점을 지적했다. 또 수영만 매립지의 조화로운 스카이라인과 경관을 고려한 획지별 건축물 높이 제한과 배치 기준들을 설정하지 않아 경관상의 문제점을 낳았다는 것이었다. 그래서 제안자가 신규 초중학교 용지를 제공하고 주간선도로인 동백로의 전향적인 교통체계를 관리할 수 있는 개선책 마련, 개발 이익의 일부를 사회에 환원한다는 조건 등을 고려할 때 추가로 허용할 수 있는 적정세대수를 1,500세대에서 2,000세대 사이로 잡았다.

지주 측에서는 제안자인 BDI에서 제시한 내용에 부정적인 반응을 보였다. 공동주택 규모가 최소 4,000세대 이상은 되어야 사업성이 있다는 것이었다. 하지만 2006년 8월, 지주 측에서는 이런 여건과 사회적 분위기를 고려해 총 3,900세대를 62~70층 규모로 계획하여 지구단위계획 변경안 보완서를 다시 제출했다.

이 안으로 2006년 11월 9일 수영만 매립지 지구단위계획 변경 안 공청회가 해운대문화회관에서 열렸다. 당초 구는 300명 정도의 시민이 참석할 것으로 예상했으나 문화회관 수용인원 500명을 훨씬 넘는 주민들이 몰렸다. 대공연장 계단은 말할 것도 없고 복도에까지 사람들이 빼곡히 들어찼다. 700명은 족히 넘었다. 그만큼 공청회의 열기는 뜨거웠다. 시간도 예정보다 한 시간이나 더 이어졌다.

제안자들은 이미 개발이 완료되었거나 진행 중인 수영만 매립지 8만여 평이 대규모 주거 단지화되었지만 학교나 공원 같은 도시기반 시설이 전무하므로 초중학교 학교용지 7,300평과 공원 및 해안산책로 등 6,500평, 동사무소 우체국 등 주민복리시설 200평 등 모두 1만 4,100여 평을 공공시설 용지로 내놓아 개발이익 일부를 사회에 환원하겠다고 밝혔다.

— 부산을 넘어 한국의 명물이 되다

이날 공청회는 사업자의 계획이 공공성을 충분히 확보한 만큼 제안자의 계획대로 진행하되 일부 보완해야 한다는 의견과 공공성을 더욱 확대해야 한다는 의견으로 갈렸다. 분위기가 과열되어 사회자가 질의를 끊고 다음 주제로 넘어가려 하자 일부 참석자들이 질의 기회를 달라고 아우성을 지르는 바람에 잠시 소란이 일기도 했다.

많은 패널들이 고층화와 공공시설을 확충한 사업 제안자의 지구단위 계획안을 긍정적으로 평가했다. 법적 허용치인 용적률 1,000%와 건폐율 50%보다 낮게 설정하면서 학교 부지와 공원, 가로환경 확보 등을 상당히 배려했고, 또한 세계적인 건축가의 디자인을 거친 건물 외관도 수영만의 도시 미관과 어울린다는 의견이었다. 그리고 세계적인 추세인 고층화를 지향하는 것도 바람직하다는 평이었다.

'해운대를 사랑하는 모임' 상임공동대표도 부지 소유자의 제안은 파격적이라며 행정당국은 업체 측이 약속을 제대로 이행할 수 있도록 감시하고 지원해야 한다면서 한 발 물러섰다. 지주 측에서 동영상을 통해 제안한 안은 과연 실제로 저렇게 환상적인 그림이 실현될 수 있을까 하는 의구심을 남기긴 했지만 어쨌거나 참석자 모두에게 일단은 긍정적인 반응을 얻었다.

해운대구는 이 안을 얼마나 수용해야 할지 심도 있게 분석했다. 이런 구청의 고민에 대해 지주 측은 몇 차례의 변경안을 제출했지만 받아들이기에는 아쉬운 점이 있었다. 2007년 3월 말에는 다시 50~70층 높이의 주상복합 아파트 3,700가구 외에 컨벤션·영상 시설을 갖춘 32층 250실 규모의 호텔과 초등학교 하나를 건립하고 개발이익을 사회에 환원하는 차원에서 285억 원이 소요되는 공공시설(다목적체육시설)을 기부하겠다는 뜻을 밝혔다. 이 안을 우리 구는 두 달에 걸쳐서 관계 전문가의 자문을 구하고 검토한 끝에 지구단위 계획을 최종적으로 입안했다.

광안대교 뒤편으로 보이는 마린시티. 지금은 부산의 명물이자 한국의 명물로 자리 잡았지만 마린시티가 들어서기까지 무거운 중압감을 느끼며 하루하루를 보냈다.

이 지난한 과정 동안 나는 무거운 중압감을 느끼며 하루하루를 보냈다. 내가 내리는 결정에 따라서 해운대가 난개발로 치달아 두고두고 오명을 남길 수도 있기 때문이었다. 마린시티가 부산의 명물이자 한국의 명물로 자리를 잡았다는 사실에 나는 안도감과 함께 자부심을 느낀다. 숱한 곳에서 수많은 압력과 회유를 받았지만 구청장이라는 책임감 때문에 타협할 수 없었다. 초고층 아파트가 해운대를 뒤덮었다는 비판도 있지만 법 테두리 안에서 기초자치단체장이 할 수 있는 최선의 노력을 다했고 또 최상의 결과를 이끌어낸 사례였다.

'마린시티'라는 이름이 탄생한 과정에도 재밌는 에피소드가 있었다. 2007년 즈음 그동안 '수영만 매립지'라 불리던 이곳에 현대적이고 진취적인 이름을 붙여야겠다는 생각을 했다. 왜냐하면 수영만이 인근의 수영구에 속하는 것으로 잘못 인식될 수도 있고, 더구나 매립지라는 말은 우리 해운대구의 미래지향적인 이미지와 동떨어지기 때문이었다. 그래서 2007년 9월에 명칭 공모와 주민 설문을 실시했고 이 지역 명칭을 '블루시티'로 정했다.

구청에서도 이 이름을 공식적으로 사용했고 언론에서도 이를 따라서 새 이름이 정착되는 듯했다. 그런데 문제가 생겼다. '블루시티'가 경남 거제시의 브랜드 슬로건과 동일했던 것이다. 거제시에서 블루시티라는 명칭 사용을 자제해달라고 요청했다. 사실 블루시티라는 명칭은 전국에 많이 있었고, 따라서 이 명칭을 공동으로 사용할 수도 있었다. 하지만 영남권 내에서 같은 명칭 사용으로 인한 혼란을 방지하고 지자체 사이에 법적 공방으로 행정력을 낭비할지도 몰라서 다른 이름으로 바꾸는 게 좋겠다는 결론을 내렸다. 결국 두 달여 동안 심사숙고한 끝에 2007년 11월, 당초 명칭 선호도 설문조사에서 1위였던 '마린시티'로 바뀌게 되었다.

장산 정상에 호텔을 짓는다고?

"청장님! 장산 정상에 호텔을 짓는다면서요?"

2009년 7월의 어느 날 구청장실에서 결재를 하는 도중에 걸려온 전화였다.

그 즈음 장산 정상에 전망 데크를 설치하는 것을 두고 이를 반대하는 측에서 크게 부풀리다 보니 호텔이란 말까지 나왔을 거라는 짐작은 갔다. 장산 정상에 설치할 전망 데크는 우리 구에서 6억 원을 투입하여 2009년 6월 29일부터 시작한 '장산 산림공원조성사업' 가운데 하나였다.

그런데 환경단체에서 자연훼손을 문제 삼았다. 언론에서는 전망대를 설치하려고 암반부에 박은 앵커볼트와 공사에 방해되는 나무들을 베어낸 광경을 지나치게 클로즈업한 사진을 대문짝만하게 실었다. 이미 이 사업을 계획할 때부터 담당부서로부터 전망대 설치에 대해서 몇 차례에 걸쳐 상세하게 보고를 받았고 간부들과 현장을 몇 차례 다녀오기도 했으며, 철제 앵커볼트를 박는 공법을 사용하되 가급적 훼손을 최소화하는 범위 내에서 설계하라고 지시한 바 있었다. 그런데 신문의 보도 내용만 보니 정말 큰일을 저지르고 있는 것처럼 보였다. 그래서 당장 현장으로 올라가 보았다.

사진에 대형 철제빔이 박혀 있는 것처럼 보이던 앵커볼트는 어른 엄지손가락 굵기로 12센티미터 길이 가운데 7센티미터가 바위에 박혀 있었고, 아름드리나무를 베어냈다는 지적도 사실이 아니었다. 키가 채 1미터도 되지 않는 신갈나무를 공사 편의를 위해서 베어낸 것뿐이었다. 그런데 하필이면 그때가 광복절을 앞둔 때였고, 일제가 우리 민족의 정기와 맥을 끊기 위해 전국의 명산에 박아 놓은 2미터 길이의 쇠말뚝이 텔레비전 화면에 심심찮게 등장하던 때라서 이 철제 앵커볼트가 일제의 쇠말뚝을 연상시키며 시민의 정서를 자극했다. 여론은 점점 험악해져서 가는 곳마다 만나는 사람을 붙잡고 설명했다.

"그게 아니다. 장산 정상 등산로가 많이 훼손되어 식생에 문제가 있고, 정상 암반부에 아무런 안전장치가 없어 추락 위험이 있다. 그래서 등산객의 안전을 위해 설치한다."

그러나 한번 돌아서서 들끓은 여론은 쉽게 가라앉지 않았다.

— 데크 설치가 아닌 장산보전네트워크로

장산은 금정산에 이어 부산에서 두 번째로 높은 해운대의 주산으로 고고학적으로나 역사적·문화적으로도 해운대의 중요한 자연유산이다. 더구나 나는 해운대구가 길이 보존해야 할 세 곳을 해운대해수욕장, 춘천, 장산으로 꼽고 구정 방향을 여기에 맞추어 추진하던 중이었다.

당시는 주5일제가 서서히 자리를 잡으면서 등산객이 급증하던 시기였다. 하지만 그에 비례해서 장산의 훼손이 급격히 악화되고 있었다. 특히 장산 정상 일원은 민둥산으로 바뀌고 있어서 안타깝기 짝이 없었다. 그래서 적극적인 보전방안인 목재 데크를 설치해서 이용객 공간과 자연 공간을 3차원으로 분리시켜 이용객의 안전과 편의를 도모하는 동시에 데크 하부의 지형 및 식생의 훼손 범위가 넓어지지 않도록 방지하고 원식생으로 복원하고자 했던 것이다. 게다가 많은 주민들이 인근의 금정산이나 백양산 그리고 황령산처럼 목재 데크를 만들어달라고 요구했기에, 시급한 과제라 생각해서 어렵게 국비와 시비를 따와서 시작한 공사였다.

주민의 반대여론이 지나치게 왜곡된 채로 확산되고 있었지만 더 이상의 오해를 피하려고 8월 10일에 공사를 중단시켰다. 그리고 이 사업에 대한 설명을 제대로 다시 하고 주민의 의견을 듣기 위해서 공청회를 열었다.

2009년 8월 18일 해운대문화회관에서 열린 이 공청회에는 주민을 포함해서 교수, 환경단체를 비롯한 시민사회단체, 공무원 등 300명이 넘는 사람들이 모였고, 찬반 의견이 팽팽하게 맞섰다. 패널로 나온 모 교수는 "장산 너울바위가 그렇게 위험하다지만 아직까지 거기서 누가 떨어져 죽었다는 말은 못 들어봤다"는 말까지 했고, 어떤 패널은 "생태계의 건전성과 지속적인 보전을 위해서는 목재 데크가 검증된 유일한 방법이고 공법상 앵커볼트 채택은 적절하다. 앵커볼트를 쇠말뚝과 비교하는 것은 어불성설이다"고 반박했다. 전체적으로는 나날이 훼손되어 가고 있는 장산 보전과 안전사고 예방을 위해서는 목재 데크 설치가 필요하다는 찬성 의견이 대부분이었다.

나는 이 논의를 처음부터 끝까지 다 들었다. 그리고 마지막에 구민 중심의 자연보존관리 정책 수립을 위해서 학계 및 관계 전문가와 시민단체 등으로 구성된 '장산 보존관리를 위한 주민 네트워크' 구성을 약속했다. 결국 정상의 데크 조성을 중단하겠다고 밝힌 것이다. 진실한 의도와 올바른 방법을 몰라주는 사람들이 야속했고, 참담한 심정이었다.

한편, 토론회에 앞서 일부 구민들은 구청이 주민의 의견을 수렴하지도 않은 채 장산 계곡정비사업과 데크 설치로 환경을 훼손하고 예산을 낭비했다며 주민감사청구서를 부산시에 제출했는데, 이 청구는 10월 8일에 기각되었다. '사전에 주민의 의견을 수렴했으며 의회에 설명을 했고, 예산은 적정하게 집행되었으며, 공사 추진 절차도 정당했기에 해운대구청의 행정 행위는 하자가 없다' 는 판정이 나왔던 것이다.

공청회 때 약속했던 네트워크는 다음달에 '장산보전네트워크'라는 이름으로 구의원, 대학교수, 환경운동가, 관계전문가 등 순수 민간인 19명으로 구성되어 출범했다. 이 네트워크는 지금도 잘 운영되고 있으며 '장산 생태숲 조성사업'에 자문을 하고 있다.

그로부터 4년이 지난 지금, 장산의 정상부 일원과 억새밭, 옥녀봉에서 중봉까지의 구간 훼손이 점차 빠르게 진행되고 있다. 정상에 올라가보면 등산로라 할 수 없을 정도로 훼손 정도가 심각하다. 식생이 자라지 못하는 것은 물론 한 발 한 발 딛기도 위험하다.

이 모습을 바라보고 있으면 그때 데크를 설치하지 못한 것이 두고두고 아쉽다. 그 뒤로도 정상 부분에 데크가 필요하다는 등산객들의 요구가 계속 있었지만, 직원들이 열심히 일하고도 지탄의 대상이 되어 너무나 괴로워하던 모습을 지켜보았기 때문에 나는 의식적으로 이 문제를 더 꺼내지 않았다. 하지만 지금, 그때 내가 잘못 판단했던 게 아닌가 싶어 후회가 된다. 그때 만일 내가 반대하는 주민들의 의견을 거스르며 무리해서라도 장산 정상에 데크를 설치했더라면 어떻게 되었을까?

해운대 솔밭마을

우동에 있는 쇼핑몰 뒤편에 작은 마을이 하나 있었다. 솔밭마을이라 불리는 곳이다. 13개의 크고 작은 슬레이트집과 20그루가 넘는 소나무가 어우러져 주변 건물과는 이질적인 분위기를 자아내던 마을이었다. 소나무들이 슬레이트집의 보일러실을 통과하거나 지붕을 뚫고 자란 모습 역시 어디에서도 쉽게 보기 어려운 풍경이었다. 이 소나무들은 200년 이상 된 고목들이었다.

이곳은 원래 송림이 우거진 곳이었는데, 일제강점기 때 해운대역에서 일하던 철도 노동자들이 여기에 천막을 치고 생활하면서부터 마을이 형성되었고, 한국전쟁 시절에도 철도 노동자들이 살았던 곳이다. 최근까지도 당시의 철도 관사가 남아 있었다.

해운대의 역사와 이야기를 담고 있는 이 마을은 쇼핑몰과 교회 건물로 가려진 도심 속의 오지로 아무런 존재감이 없었다. 1970년대부터 10미터 도로를 만든다는 도시계획에 묶여 있었기 때문이다. 사람들의 관심을 받지 않았던 이 솔밭마을이 2008년도에 이뤄진 장지천 주변도로 공사를 계기로 변화를 맞았다.

진입로가 없어 맹지로 남아 있던 지역에 도로가 생기자 변화의 바람이 불기 시작했다. 개발에 목말라 있던 철도 관사 소유자는 진입도로를 내려고 인근의 땅까지 매입했고, 마침내 15층 아파트 149세대 신축허가 신청을 해운대구에 냈다. 그게 2010년이었다.

그 허가가 난다면 200년 이상 된 소나무 20여 그루와 역사의 산증거인 집들이 모두 흔적도 없이 사라질 수 있었다. 게다가 아파트 신축허가 신청자는 양산국유림관리사무소의 자문을 받아서 자기 개인 소유지 안에 있는 소나무 8그루를 베겠다는 벌목계획서까지 제출한 터였다. 주변에 아파트가 들어서면 도로가 개설되어야 하기 때문에 소나무와 마을은 자연적으로 없어질 처지에 놓여 있었다. 어느 날 건설과장이 이곳에 도로를 내겠다고 결재를 받으러 왔다. 나는 당장 일어나서 현장에 가보자고 했다. 평소에 지붕을 뚫고 나온 솔밭마을을 눈여겨 보고 있던 터라 이곳을 살려야 한다는 생각이 들었고, 일단 도로 개설을 중지시켰다. 개발과 보존의 딜레마 속에서 어떻게 하면 소나무도 살리고 기존 솔밭마을도 보존할 것인지 고민했다. 현장으로 직접 가서 여러 번 회의도 했고 각계각층의 자문도 받아보았으나 뾰족한 수가 없었다.

그러던 중 부산시에 도시재생사업을 신청했는데 다행히 14억 원의 시비를 지원받게 되었고 구에서도 7억 원의 사업비를 확보했다. 그리고 건축허가 신청을 낸 사업자를 여러 차례 만나서 솔밭마을 보존 방안이 마련 될 때까지 아파트 신축을 보류하고 소나무를 베지 못하도록 끊임없이 설득했다. 이런 설득이 통해서 마침내 그 사업자가 아파트 건축을 포기했고, 자연스레 소나무를 베어내야 하는 문제도 사라졌다.

— 솔밭공원과 예술마을로 재탄생하다

그러자 이번에는 솔밭마을 주민들이 들고 일어났다. 나갈 수 없다는 것이었다. 주민들은 현재 상태 그대로 살기를 바랐다. 일부 주민들은 그간의 사정을 이해하고 보상을 받아갔지만, 어르신들은 집단으로 찾아와 민원을 제기했다. 하지만 그 뒤에 원만히 보상이 이루어졌고, 공원 사업도 순조롭게 진행되었다.

2013년 11월 14일, 드디어 소공원 내에 주민과의 소통과 공감의 장이 될 문화공간이 들어섰다. 소나무의 원형을 그대로 살린 공방, 야외 전시 공간, 주민 휴식 공간 등 한 개의 전시실과 여섯 개 공방 형태를 갖춘 예술마을로 꾸며진 것이다.

솔밭예술마을은, 해운대구가 개발과 성장으로만 치닫지 않으며 또 그렇게 되어서도 안 된다는 것을 상징적으로 보여준다. 비록 작은 규모의 사업이긴 하지만 환경 보존의 의미와 교훈을 되새기는 공간으로 길이 남기를 바란다.

솔밭마을은 13개의 크고 작은 슬레이트집과 20그루가 넘는 소나무가 어우러져 주변 건물과는 이질적인 분위기를 자아내던 마을이었다. 한편 소나무들이 슬레이트집의 보일러실을 통과하거나 지붕을 뚫고 자란 모습 역시 어디에서도 쉽게 보기 어려운 풍경이었다.

도시 개발 및 경영과 관련해서 특히 많은 것을 일깨워준 책이 있다. 찰스 랜드리(Charles Landry)의 《크리에이티브 시티 메이킹》이다. 이 책의 한국어판 서문에 다음과 같은 구절이 있다. 새겨들어야 할 말이다.

> 너무나 많은 도시가 추하고, 영혼이 없고, 그곳에 사는 사람들에게 영감을 주지 못한다. 너무나 많은 도시가 자기만의 독특한 문화적 차별성을 드러내지 못한다. 과잉으로 무질서하게 계획된 도

로들이 도시를 지배하고 있다. 이 도시들은 자동차를 위해 만들어진 도시들이다. 이 도시를 만든 사람들은 사람들이 교감하고 어울리고 교류할 수 있도록 해주는 소프트웨어보다는 하드웨어에 더 많은 관심을 가지고 있었다.

해운대에서 도시화 및 개발은 이제 어느 정도 이루어졌다. 앞으로는 해운대해수욕장의 모래 복원과 해운대수목원 조성을 시발점으로 삼아서 개발보다는 자연환경 보존과 치유에, 하드웨어보다는 소프트웨어에 구정의 초점을 맞추어야 할 때다. 이것이 천혜의 아름다운 자연을 가진 해운대의 가치와 명성을 더욱 높이는 길이 아닐까?

상처로 남은 소문과 음해

공직자, 특히 선출직 공직자에게는 온갖 흉흉한 소문이 따라다닌다. 오얏나무 아래에서 갓끈을 고치지 말고 참외밭에서 신발끈을 고치지 말라는 말이 있지만, 기관이나 단체를 대표하는 사람들은 하루에도 몇 번씩 오얏나무 아래에서 갓끈을 고쳐야 하고 참외밭에서 신발끈을 고쳐야 하기 때문이다.

43만 인구의 해운대구를 책임지고 있으니만큼 나도 예외는 아니다. 그냥 웃고 넘길 수 있는 소문에서부터 의도가 너무도 명백하게 악의적이고 또 표현이 악랄해서 생각만 해도 치가 떨리는 것까지 다양하다. 가령 이런 것이다.

장산에서 발원한 춘천(春川)은 장산 줄기를 따라 해운대신도시의 대천공원으로 흘러든 다음 동백섬을 거쳐 해운대해수욕장으로 이어진다. 그렇기에 총연장 6.3킬로미터에 달하는 춘천은 해운대해수욕장의 생명수나 마찬가지다. 우리 구청도 하천의 발원지 확인 작업을 거친 뒤 스토리텔링을 통한 관광명소화 사업을 추진할 계획을 가지고 있다.

그렇기에 해운대신도시가 조성된 뒤로 이미 오래 전부터 이 하천을 생태 하천으로 복원하기 위한 논의가 진행되고 있었고, 또 일부 구간에서는 그런 사업이 시행되었다.

그런데 한번은 큰비가 내려서 생태 하천을 조성하면서 설치했던 돌들이 떠내려갔다. 그러자 이런 소문이 돌았다.

"해운대구청장 배아무개가 예전에 춘천세무서장을 했는데, 그때 그곳에서 알던 사람 하나가 돌장사를 하는데 이 사람에게 부당한 이득을 주려고 비싼 예산을 들여서 가벼운 돌들을 구입한 바람에 돌들이 다 떠내려갔다더라."

누가 이런 소문을 전하기에 함께 껄껄 웃고 말았다.

그러나 단순한 무지나 오해에서 비롯된 소문이 아니라 그야말로 악의적인 소문도 있다. 이런 소문과 음해는 그냥 웃고 넘길 수만은 없다. 한 사람의 인격에 그리고 공직자로서의 경력에 치명적인 상처를 주고 흠집을 내기 때문이다. 나도 이런 상처를 입었다. 공금을 횡령하고, 또 부지 매입을 통해 리베이트를 챙겨 선거에 사용했다는 악의적인 음해 때문이었다.

해운대구청장직을 수행한 10년 사이에 우리 해운대구에 투자된 민간자본의 규모는 어림잡아도 11조 원이 넘는다. 내가 해운대구의 발전에 그만큼 많이 기여했다는 얘기를 하려는 게 아니라, 이렇게나 큰 돈이 해운대구에 들어오면서 해운대구가 10년 전과 달리 상전벽해라 할 만큼 엄청난 변화가 있었음에도 나는 지금까지 몇 차례 악의적인 음해성 진정에 따른 감사 외에는 수사니 내사니 하는 나쁜 소문에 휘말린 적이 없다.

10년 세월 동안 그야말로 날마다 아침부터 저녁까지, 내가 다루고 처리한 일은 모두 아파트와 같은 건축물 허가권 그리고 건폐율 설정 등에 관한 이권사업이었다. 그러니 얼마나 많은 사람들이 나에게 이권과 관련된 청탁을 했겠으며, 공모를 회유했겠으며, 또 압력과 압박을 가했겠는가. 하지만 단언컨대 나는 이런 모든 유혹을 뿌리쳤다고 자신 있게 말할 수 있다.

정부 조직에서 감사나 내사를 하는 단체장 1순위 대상이 오래 재임한 사람, 관내에 대규모 투자가 이루어진 사람이다. 무언가 토착비리의 커넥션이 있기 때문에 오래 해먹는 거 아니겠느냐는 것이고, 대규모 투자가 진행되면 이런저런 떡고물 혹은 떡 한 조각 정도는 떼먹지 않았겠느냐는 것이 이런 추정의 근거다. 실제로 이권을 위한 압박이나 압력 혹은 회유의 강도는 일반인으로서는 상상조차 못할 정도다. 그러므로 이것을 뿌리치려면 대단한 용기와 배짱이 필요하다. 하지만 그것 말고 또 필요한 것이 요령이다.

이런 요령과 기술을 나는 30년 세월 동안 국세청에 근무하면서 이미 터득했다. 압력이나 청탁을 피하면서도 상대방의 감정을 상하지 않도록 하는 법은, 첫째 안 되는 부분은 안 된다고 딱 잘라서 말하는 것이고, 둘째 인간적인 차원에서 호소하는 것이다. 마지막으로 셋째, 이권과 관련이 있는 업자를 만날 때는 절대로 혼자 만나지 않는다. 그랬다가는 나중에 무슨 꼬투리를 잡힐지도 모르기 때문이다. 그래서 그럴 때는 꼭 담당팀장이나 과장 혹은 국장을 배석시킨다. 그래야 뒤탈이 없다.

— 업무추진비에 얽힌 오해

2008년 7월의 어느 날이었다. 새벽에 집을 나서 서울로 가는 KTX에 몸을 실은 채 차창 밖을 바라보며 이런저런 생각에 잠겨 있는데 휴대폰 벨이 다급하게 울렸다. 아내였다.

"여보… 여보…!"

아내는 말을 잘 잇지 못했다. 울고 있었다. 무슨 일인지 모르지만 가슴이 철렁 내려앉았다. 집안에 무슨 안 좋은 일이라도 생겼나 싶었다. 그렇지 않으면 아내가 그렇게 울면서 전화를 할 리가 없었다.

하지만 그게 아니었다.

아내가 택시를 타고 해운대구청 앞을 지나가는데 운전사가 해운대구청장도 도둑놈이라면서 믿을 놈 하나도 없다고 쌍욕을 하기에 왜 그러냐고 물었더니 신문 안 봤느냐고 되묻더라고 했다.

아닌 게 아니라 그날 아침 지역신문에 "업무추진비는 쌈짓돈?" "구청장 업무추진비 부당하게 펑펑"이라는 제목으로 기사가 난 것이다.

말 그대로 대문짝만하게 났다. 지역방송국에서는 한 술 더 떠서 내가 시책추진·업무추진비 1억 1,400만 원을 개인 용도로 사용한 것으로 드러나 감사원으로부터 주의 요구를 받았다고 보도했다.

문제의 발단은 그해 2월로 거슬러 올라간다. 해운대구 주민인 김모 씨 등이 연명을 해서 우리 구청이 2006년도와 2007년도 업무추진비 예산을 부당하게 집행했다며 감사원에 공익감사청구를 넣었고, 4월에 일주일 남짓 감사를 받았는데 그 결과가 언론에 보도된 것이다.

아무 일 아니라고 아내를 안심시키고 전화를 끊고 조금 있자니 지인들로부터 전화가 오기 시작했다. 그래도 처음에는 대수롭지 않게 생각했다. 감사원에서는 영수증과 증빙서류가 제대로 갖추어지지 않은 부분과 용도가 맞지 않은 부분을 지적했지만 구청장이 개인용도로 업무추진비를 사용했다는 말은 전혀 엉뚱한 소리였기 때문이다. 증빙서류 구비가 어려운 부분도 있고 사용 용도도 모호한 경우가 있는 것이 사실이어서 주의만 받았지 쌈짓돈이니 부당하게 펑펑 썼다느니 하는 말은 전혀 없던 사실이었다.

더욱이 '구청장 개인용도로 사용' 운운은 감사원 조치 내용에 언급되지도 않은 내용이었다. 다만 편성과 집행이 규정대로 잘 되지 않았다는 점은 분명 개선해야 할 사항이었기에, 직원들에게 규정대로 엄격하게 집행할 것을 지시했다.

나를 알고 있는 사람들은 걱정을 해주었지만, 그 보도를 곧이곧대로 믿고 오해를 하는 사람도 있었다. 사람들을 붙잡고 일일이 해명

할 수도 없는 일이었다. 그러다 보니 사람 만나기가 겁이 날 지경이었다. 급기야 공직생활의 오점이나 흠집으로 남겠다는 생각마저 들었다. 이 일을 그냥 놔두어서는 안 되겠다 싶었고 그래서 더더욱 바로잡아야만 했다. 이에 감사원 감사 결과 요구서를 복사해서 오보를 낸 언론사들에 보내 정정 보도를 내줄 것을 요구했다. 그러나 언론사에서는 정확한 표현을 구사하지 못했다는 점을 인정하면서도 정정 보도를 내기는 꺼렸다. 그저 미안하다는 말만 반복했다. 다행히도 〈국제신문〉이 2008년 11월 22일 토요일자 2면의 '바로 잡습니다'에 조그마하게 정정기사를 내어주었다.

> 지난 7월 3일자 6면 '구청장 업무추진비 부당하게 펑펑' 제하의 기사 내용 중 배덕광 해운대구청장은 특정 용도로 한정돼 있는 시책추진비 1억 1,404만 원을 '개인용도'로 사용한 것이 아니라 '직접 관련이 없는 업무용도'로 사용한 것으로 바로 잡습니다.

그나마 다행이라 생각하지만 참으로 억울한 일이다. 이 정정 보도를 과연 얼마나 많은 사람이 봤을까? 처음의 잘못된 기사를 읽은 사람들 가운데 얼마나 많은 사람들이 이 정정 보도를 보고 오해를 풀었을까?

— 반송동 보건지소 부지 매입 리베이트?

공무원으로 일하다 보면 이런저런 오해가 생기는 게 다반사지만 해프닝으로만 넘겨버릴 수 없는 일도 종종 일어난다. 한번은 나뿐만 아니라 실무자까지 한꺼번에 묶여서 리베이트 의혹에 시달린 적이 있었다.

반송동에 있던 낡은 보건지소를 번듯하게 짓는 일은 이 지역 주민들의 숙원사업이었다. 노약자와 장애인이 특히 많은 이 지역의 보건지소가 다른 어떤 곳보다도 이용자가 많지만 시설이 낡아서 많은 불편이 있다는 사실을, 구청장 당선 전부터 관내 순방을 통해 알고 있었다. 그랬기에 나는 이 사업을 그 어떤 사업보다 먼저 그리고 열의를 다해서 추진했다.

그런데 그 지역은 원체 땅이 귀한 곳이라 부지를 확보하기가 어렵다는 문제점이 있었다. 하지만 하늘이 도왔는지 정말 우연하게도 안성맞춤인 부지가 있었다. 지금 보건지소와 건강증진센터가 들어서 있는 부지였다. 반송동 산77-1번지의 2,510평. 이 부지는 당초 지주가 빌라를 짓겠다면서 우리 구에 토지형질변경 신청을 한 곳이었다. 그러나 그 지역은 교통량이 많고 수목이 울창해서 변경 신청을 해주면 안 된다는 주민여론 때문에 형질변경 불가처분이 내려진 곳이었다.

어느 날 간부들과 보건지소 부지매입을 의논하던 중에 건설과장이 형질변경 신청을 했던 그 지주로부터 결국 부지를 매매하지 못하게 되었다는 전화를 받은 적이 있다고 보고했다. 그 자리에서 바로 그 부지를 검토해 보자는 말이 나왔고, 지주의 연락처를 수소문한 뒤에 만나서 보건지소 부지로 우리에게 팔라고 제안했다. 다행히 지주는 보건지소를 짓는다면 팔 의향이 있다고 하여 부지 매입 협상이 본격적으로 진행되었고, 2004년 9월에 부지매입 계약을 체결했다. 이 매입 가격이 22억 원이었다.

그런데 2007년 11월에 보건지소 인근 부지를 해운대구청이 사주지 않았다고 악의를 품은 사람이 주민 300명의 서명을 받아서 이 부지 매입 과정에 의혹이 있다며 당시 국가청렴위원회를 비롯해 온갖 곳에 진정을 냈다. 부지를 턱없이 비싸게 사서 땅주인과 구청직원들 그리고 구청장이 나누어 가졌다는 내용이었다.

결국 부지 매입을 담당했던 실무자가 서울에 있는 국가청렴위원회로 소환되었다. 그해 11월이었다. 심문을 하는 사람은 다짜고짜 왜 이 부지 매입을 서둘러서 억지로 무리하게 했느냐고 물었다.

"후보지로 거명된 부지가 세 곳 있었지만, 반송의 여러 동에서 접근하기가 골고루 편했고 임야이면서 주거지는 그곳이 유일했기 때문입니다."

그러나 심문관들은 곧이곧대로 믿으려 하지 않았다. 하지만 보건지소를 새로 짓는 문제는 내가 구청장이 되기 이전부터 추진되고 있었고, 어려운 반송 지역의 주민들을 대상으로 하는 복지 사업을 가장 우선적으로 추진하겠다는 게 내 소신이었으며, 이 보건지소 건축은 공약사업이었다.

국가청렴위원회는 진정 내용을 확인하려고 온갖 자료를 뒤지고 확인했지만 결국 아무런 혐의도 찾지 못했다. 부정한 일이 없었기 때문에 당연한 귀결이었다. 그러나 국가청렴위원회로부터 조사를 받았다는 사실만으로도 나와 해운대구청은 상처를 입었다. 어려운 반송 지역의 열악한 환경을 개선하자는 마음에서 심혈을 기울였던 사업이었음에도 그런 식의 음해가 있었다는 사실에는 서운함을 넘어 분노를 느낄 수밖에 없었다.

2장

구청의 존재 이유는 주민이다

- 컨슈머리즘

컨슈머리즘 혹은 주민중심주의

● 구청이 기업이라면 소비자는 주민이다. 기업이 최우선가치를 두어야 하는 대상이 소비자라면 구청이 최우선가치를 두어야 하는 대상은 상급기관이나 구청 공무원이 아닌 주민이다. 주민은 곧 구청의 존재 이유다. 이것이 나의 믿음이고, 이 믿음은 내가 가진 행정철학의 핵심이라고 말할 수 있다.

기업계에 컨슈머리즘(consumerism)이라는 용어가 있다. 미국의 소비자 운동가 랠프 네이더(Ralph Nader)가 제너럴모터스의 자동차 결함을 적발하는 운동을 시작한 이래 세계적으로 확산된 것으로, 소비자가 힘을 모아 왜곡된 현상을 시정하고 소비자의 기본적 권리를 지키려는 이념이자 철학이다.

하지만 지금 이 개념은 단순한 소비자 차원의 운동이 아니다. 기업계에서도 이 운동이 가지는 긍정성을 인정하고 있다. 소비자가 잘

되어야 기업도 잘될 수 있다. 넓은 범위에서 보자면 소비자와 기업은 하나의 공동체 안에 존재한다.

이윤 추구를 목적으로 하지 않는 지자체 조직인 구가 나아가야 할 방향도 바로 여기에 있다. 주민의 권리와 행복을 최우선 순위에 두는 것이야말로 구의 최우선 과제다. 모든 사업을 기획하고 집행하는 과정에서 이 원칙은 지켜져야 한다. 그렇다면 해운대구는 이 원칙을 어떻게 실행해야 할까? 규모와 질에서 빠르게 성장하는 해운대구가 안고 있는 가장 큰 문제는 지역 간의 격차에 있었다. 잘사는 동네는 서울의 강남구가 무색할 정도로 으리으리하지만 못사는 동네는 정 반대였다.

해운대구청장이 된 뒤부터 10년 임기 동안 줄곧 견지해온 원칙이 있다. 바로 해운대구가 균형 있게 발전해 세계 최고의 도시가 되려면 상대적으로 도시기반이 열악한 지역 및 주민을 지원하는 일을 소홀히 하면 안 된다는 것이다. 모두가 더불어 잘사는 해운대구, 이것이 나의 가장 큰 목표였다.

— 한때 가난의 대명사였던 반송

반송(盤松)이라는 동네 이름은 곳곳에 있는 소나무들의 형상이 마치 소반처럼 펑퍼짐해서 붙여졌다고 한다. 그런데 한때 이 동네가 대한민국의 가난한 동네로 신문에 보도된 적이 있다. 모 신문사에서 가난한 동네 시리즈를 기획한 적이 있는데, 그 첫 번째로 나간 동네가 바로 반송동이었다. 이 기사 내용에 격분한 주민들이 그 신문사의 부산지사에 항의서를 전달하고 서울 본사로 갈 채비를 하고 있을 때 본사에서 기자가 내려와 해명한 일도 있었다.

해운대해수욕장에서 장산 너머에 있는 이 동네가 지금의 모습을 한 것은 1968년에 있었던 정책이주 때부터였다. 수정·조방지구 정비와 1990년 주거환경개선 사업으로 부산 도심이 개발될 때 한국전쟁으로 피난 내려와서 이 지역 고지대에 판잣집을 짓고 살던 철거민들이 집단으로 삶의 터전을 옮겨옴으로써 반송 지역이 지금 모습으로 형성되었다. 당시 이주민들에게 10평 혹은 15평씩 땅을 배분해서 팔았는데, 손바닥만 한 종이에다 지번과 소유주 이름을 적은 이른바 딱지는 2만 원에 15평씩 분양되었다고 한다.

하지만 지금의 도시 여건은 그때와 많이 다르다. 2011년 3월 지하철 4호선(반송선)이 개통되었고, 부산시에서 석대매립장 일대를 해운대수목원으로 조성하고 있다. 또 대단지 아파트가 들어서서 주거 형태도 바뀌고 장산을 뒷산으로 하고 있는 해운대의 또다른 웰빙도시가 되고 있기 때문이다. 그래도 해안쪽 지역보다는 생활여건이 상대적으로 어려운 것은 사실이다.

이 동네가 어쩐지 나에게는 외갓집 같다는 느낌이 들곤 한다. 이 지역에는 특히 노인들이 많은데, 이곳에 갈 때면 꼭 노인정을 찾아서 어르신들에게 인사를 드린다. 우리 구의 최고령자인 104세 어르신 집에도 꼭 들러서 인사를 드린다. 그리고 반송에서 개최되는 행

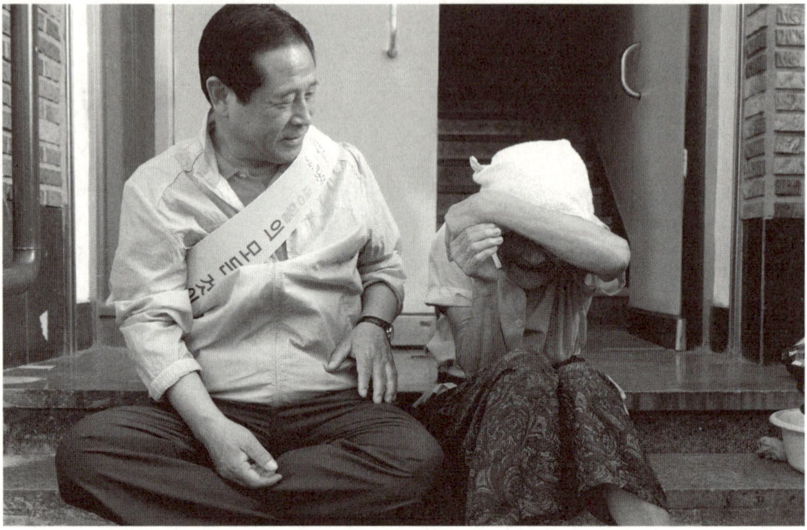

한때 가난의 대명사였던 반송(盤松). 이 동네가 어쩐지 나에게는 외갓집 같다는 느낌이 들곤 한다. 그런 연유에선지 반송에 들를 때마다 어르신들을 찾아 인사를 드리고, 이 지역에 집중해서 복지 사업을 펼쳤다.

사에는 웬만하면 참석한다. 굳이 이렇게까지 하는 데는 반송에 남다른 애정을 가진 까닭도 있지만, 내가 그렇게 함으로써 한때 가난의 대명사처럼 굳어져 있던 '반송'의 주민들이 구청장 방문에 따른 자부심을 가질 수 있고, 주민들의 자존감 또한 조금이나마 더 높아지길 기대하는 마음에서다. 주민 간담회 같은 자리에서 내가 반송·반여 지역에 특히 집중해서 복지 사업을 펼치는 것을 잘 알고 있는 다른 지역 주민이 나에게 농담 반 진담 반으로 "구청장님은 도대체 해운대구청장입니까 아니면 반송구청장입니까?"라며 나무라는 것도 바로 이런 까닭에서다. 이처럼 내가 반송·반여 지역처럼 넉넉하지 못한 동네에 애착을 느끼는 데는 어린 시절의 경험이 크게 작용했다.

— 가난뱅이 어린이회장

나는 1948년에 태어났다. 집 바로 옆에 창원 덕산역이 있었고, 정해진 시간마다 기차는 긴 기적을 울리곤 했다. 점방집 문을 열면 바로 한길이었다. 점방 뒤에 붙어 있는 살림집과 손바닥만 한 마당에서 3남 3녀의 형제들이 북적대며 살았다.

내 기억에 가장 오래된 낱말은 '준감기브미'다. 내가 대여섯 살이었으니까 1953년쯤 되었을 것 같다. 그 말은 동네 형들이 열차에 타고 있던 미군 흑인 병사들에게 하던 말이었다. 우습게도, 그 말은 "껌 줘."(Chewing gum, give me.)라는 뜻이었다. 나는 그게 무슨 뜻인지도 모른 채 그저 형들처럼 그 말을 외치면서 흑인 병사들을 따라다녔다. 그러면 흑인 병사들이 껌과 C레이션을 던져주곤 했다. 껍질을 벗겨내고 얼른 입에 넣으면 머리끝까지 전달되던 달콤한 껌 맛은 60여 년이 지난 지금도 생생하다.

모두가 가난하게 살던 시절이었지만 우리 집은 특히 가난했다. 하루하루 먹고사는 문제로 시달려야 했기에, 나와 내 바로 위의 형이 초등학교까지 한 해 쉬어야 했지만 그나마 학교를 다닐 수 있는 것도 다행이었다. 이런 가난 속에서 나는 초등학교 3학년부터 고등학교를 졸업해 직장을 얻을 때까지 10년 동안 신문을 배달했다. 덕산역에 아침 8시에 도착한 조간신문과 저녁 8시에 도착한 석간신문을 접어서 하루 10킬로미터나 되는 길을 아침저녁으로 달렸다. 먹는 것도 시원찮은데 육체를 그렇게 혹사하는 바람에 폐결핵에 걸려 생사의 고비를 넘기기도 했다.

6학년 때 어린이회장 선거에 나가서 당선된 적이 있다. 이 오래된 일을 어제 일처럼 기억하고 있는 데는 이유가 있다. 내가 당선되었다는 소식이 교무실에 알려지자 한 여자 선생님이 "가난해서 신문배달을 하는 배덕광이를 왜 어린이회장으로 뽑았지?"라고 말했는데, 이 말을 그 당시 나보다 2살 많던 김영곤이라는 친구가 듣고는 분개해서 가난하면 회장도 못하냐며 따졌고, 그 선생님이 김영곤을 두들겨 팼던 일이 있었기 때문이다. 나는 영곤이가 나 때문에 선생님에게 맞았다는 사실에 분노를 느꼈다. 그리고 결심했다.

'가난한 신문배달 학생은 어린이회장도 못 하나? 커서 반드시 성공하고, 가난한 사람을 위해 좋은 일을 하겠다. 그래서 가난한 학생도 훌륭한 사람이 될 수 있다는 걸 꼭 보여주겠다.'

그 뒤로 어린 나의 가슴에 굴욕과 좌절의 대못을 박았던 그 선생님을 잊은 적이 없었다. 반드시 성공해서 보란 듯이 그 선생님을 만나겠다고 절치부심했다. 어릴 때의 이 마음의 상처는 역설적으로, 평생을 살면서 어려움을 당할 때마다 나를 잡아준 회초리가 되었다.

결국 나는 성공했고, 해운대구청장이 되었으며, 이제 옛날 어린 시절 우리 가족처럼 가난한 사람들에게 무언가를 해줄 수 있는 위치가 되었다. 그리고 그 일을 실천에 옮겼다. 내가 반송·반여 지역을 외갓집이라고 말한 것은 절대로 주민들 듣기 좋으라고 하는 입에 발린 말이 아니다. 그것은 내 인생의 목표 가운데 중요한 한 가지를 달성하는 상징적인 말이었다.

어찌 보면 구청장으로서 나는 운이 좋은 사람인 것 같다. 특히 어려운 주민 중심의 구정을 펼침으로써 전체 구가 균형 속에서 발전할 수 있다는 사실을 어린 시절 경험을 통하여 이미 체득하고 있었기 때문이다. 그렇기 때문에 컨슈머리즘 혹은 주민중심주의는 어쩌면 내가 살아온 인생의 핵심 DNA인지도 모른다.

간절히 원하면
불가능도 현실이 된다

반송보건지소와 건강증진센터

● 2004년 구청장 보궐선거 유세를 하면서 반송 지역 주민이 가장 원하던 사업이 반송보건지소의 건립과 도시가스 설치였다.

반송동 주택 지역에 도시가스를 설치하는 공사는 골목이 좁아 난공사였던 데다가 주민이 감당해야 하는 공사비 부담이 너무 커서 한 차례 진행되다 중단된 상태였다. 부산도시가스공사에서는 현실적으로 도시가스 기반시설 예산이 없어 적자 공사라며 난색을 표시했다. 하지만 다행히도 주민의 어려운 형편을 끈질기게 호소한 끝에 부산도시가스공사가 55억 원이란 예산을 투입했고, 마침내 반송에도 도시가스가 들어왔다. 이 일로 나는 반송 지역 주민들로부터 장차 받게 될 세 개의 감사패 가운데 첫 번째 감사패를 받았다.

그러나 보건지소 문제는 만만치 않았다. 보건지소 논의는 1999년부터 시작되었다. 반송 지역 구의원이 보건지소 이축 건의를 했고, 다음해에는 보건소장도 똑같은 건의를 함으로써 2000년부터 부지 확보에 나섰다. 그러나 반송의 지역적 특성 탓에 반듯한 부지가 없었다. 게다가 반송의 3개 동 주민이 모두 편리하게 접근할 수 있는 부지를 구하기란 더욱 어려웠다. 이런 지지부진한 상태는 2004년까지 이어졌다.

나는 취임하자마자 반송보건지소 건축을 다그쳤고, 다행히 현재의 부지를 확보할 수 있었다. 물론 이 과정은 쉽지 않았다. 앞에서 잠시 이야기했듯이 이 부지 매입을 두고 여러 해가 지난 뒤에 나와 구청을 음해하는 악의적인 소문이 돌아 국가청렴위원회에서 조사에 나선 일까지 있었기 때문이다.

그런데 나는 보건지소를 이전 건립하는 것 말고도 다른 계획을 마음에 담고 있었다. 주민들이 편하고 저렴하게 사용할 수 있는 건강증진 시설을 짓고 싶었던 것이다. 내가 이런 생각을 한 데는 특별한 계기가 있었다. 2004년 보궐선거 당시 유세를 하러 반송 지역을 방문했을 때 연로하신 분이 수영장 이야기를 했다. 신경통으로 걸음을 잘 걷지 못하는 할머니셨다.

"나는 수영장이라고는 평생 한 번도 가본 적이 없는데, 텔레비전에 보니까 수영장에서 신경통 고치는 체조를 하던데, 나도 '물속에서 하는 체조' 그거 꼭 한 번 해보면 소원이 없겠어."

그 말을 듣는 순간 코끝이 찡해졌다. 해운대 특구 쪽으로는 수영장을 갖춘 체육시설이 여러 개 있는데 아직 수영장을 구경도 못 했다니…. 가난한 사람이라고 수영장에서 신경통을 치료하는 체조를 못 한다면, 가난한 신문배달원이라고 어린이회장이 될 수 없다는 것과 마찬가지 아닌가?

그때 나는 구청장에 당선되면 지역 균형 발전을 위해 반송 지역에 수영장이 딸린 웰빙 센터를 꼭 만들어야겠다고 결심했다. 그래서 반송보건지소 건립 계획이 구체화될 때, 보건소의 치료 기능을 포함하되 스포츠를 통한 예방 기능이 가능한 의료복지 원스톱 서비스 체계를 갖춘 건강증진센터를 이 계획에 포함시켰다.

그러나 열악한 구청의 재정 형편상 예산이 문제였다. 부지매입비 22억 원은 구청 예산으로 해결했지만, 보건지소 건립 공사비 48억 원, 건강증진센터 50억 원 모두 98억 원을 더 마련해야 했다(추가 시설 때문에 최종적으로는 118억 원이 투입되었다). 보건지소는 구비에다 국시비 보조금을 신청해서 보탠다면 어떻게 해결할 길을 찾을 수 있다 치더라도, 건강증진센터는 사실 재정 능력도 구체적인 대책도 없었다.

— 반드시 예산을 확보하라

2005년 2월 시장 연두 순시 때 나는 건강증진센터 건립을 건의했다. 시장님은 반송 지역의 특수성에 동의하고 건축비 일정 부분을 부담하겠다고 약속했다. 그 이후부터 일이 본격적으로 추진되기 시작되어, 그해 3월에 건강증진센터 건립 계획 수립과 동시에 국고보조금을 신청하고 5월에 보건지소 건립 실시 설계 용역만 우선 시작했다. 건강증진센터 건립비 국비 30억 및 시비 20억 원 예산에 대한 재정투융자사업 심사가 진행되자, 2005년 6월에 기획감사실장이 행자부를 찾아가서 특별교부세 지원을 건의했고, 같은 달에 다시 나와 기획감사실장이 함께 서울의 행자부 재정과를 찾아가서 반송 지역 현황을 보고했다.

"해운대에도 가난한 동네가 있습니까?"

해운대라 하면 다들 잘사는 동네인 줄 알고 있지만 의료혜택을 제대로 받지 못하는 영세민과 장애인 집단 주거지가 있다는 것과 노인들이 아파도 병원에서 제대로 치료를 받지 못한다는 이야기를 누누이 강조했다. 이런 가운데 2005년 7월에 시비 20억 원을 확보했고, 여기에 행자부로부터 특별교부세 30억 원을 약속받아 9월에 기본 및 실시설계 용역이 시작되었다. 그런데 2005년 11월, 청천벽력 같은 소식이 전해졌다. 건강증진센터에 대해 특별교부세 국비 30억 원 및 시비 20억 원의 보조사업 내시자료가 내려왔으나 국비 30억 원이 국회에서 마지막 예결위에 반영되지 못했다는 통보를 받은 것이다. 나와 부구청장 그리고 담당부서장이 차례로 국회를 찾아가 매달려 봤지만 돌이킬 수 없는 일이었다.

하지만 그렇다고 해서 날린 돈을 마냥 아까워하고만 있을 수는 없었다. 우선 보건지소 건립 문제를 해결하기 위해 2005년 12월에는

2006년 본예산에 채무부담행위 20억 원을, 2006년 4월에는 2007년 국비보조금 예산 30억 원을 신청했다. 이를 반영시키기 위해 보건소장과 시 보건건강국장이 보건복지부를 방문했고 같은 달 다시 총무국장과 예산담당이 기획예산처를 방문해서 예산을 지원해달라고 요청했다. 이어 6월에는 행자부를 방문하여 지방채 승인 및 특별교부세 추가 지원을 건의했다. 다행스럽게도 2006년 6월에 지방채 16억 원을 발행하여 1회 추경예산에 반영할 수 있었고, 7월에 특별교부세 7억 원을 받아냈다.

반송보건지소 신축 이전과 건강증진센터 건립은 구청이 예산을 확보하기 위해 사업의 필요성과 당위성을 개발하고 정리해서 부산시 예산담당부서와 행자부를 수없이 방문하고 설명과 설득을 거듭하는 등 눈물 나는 노력을 다했기에 가능했던 일이었다. 직원들이 사업에 대한 각종 자료를 만들어 수시로 설명하고 또 교부세를 내려줄 것을 요청했으며, 기관장인 나도 직접 중앙부처를 찾아가서 설득했다. 행정자치부 교부세과 담당자도 기초자치단체에서 실무자가 직접 찾아와서 예산 확보를 위해서 뛰어다니는 적극성에 감동했다고 했다. 그 덕분인지 그 담당자는 17억 원이라는 거금의 특별교부세를 두 차례에 걸쳐 마련해주었다.

한편 건강증진센터는 반송보건지소와 같이 지으려고 했지만 실시설계용역만 하고 예산 부족으로 중단되어 있는 상태였다. 그런데 마린시티 내 구청 소유의 폐도 2필지를 현대산업개발이 아파트 건설을 목적으로 매입함에 따라 공유재산매각비 110억 원이란 예상치 못한 세입이 발생했다. 이 돈으로 그동안 지지부진하던 건강증진센터 건립에 필요한 구비를 확보할 수 있어 무사히 완공했다. 당시에 해운대구는 이 시설 외에 도서관과 문화회관도 함께 건립하고 있었는데 남은 돈을 여기에 일부 사용하기도 했다.

반송보건지소와 건강증진센터가 각각 2008년과 2009년에 준공되고 나자 감개가 무량했다. 신경통으로 고생하던 어르신으로부터 고맙다는 인사를 들었음은 말할 것도 없다. 이 일로 나는 반송 지역 주민들로부터 도시가스 설치공사에 이어 또 한 차례의 감사패를 받았다. 마지막으로 반송 주민들로부터 받은 감사패 하나가 더 있었다. 바로 정화조 민원을 속 시원하게 해결했기 때문이다.

법까지 바꾼 정화조 민원

앞에서도 잠깐 이야기했듯이 민선 4기 구청장 선거를 코앞에 두고 있을 때만 해도 반송동의 정화조 민원 해결을 위해 발로 뛰라고 아무리 다그쳐도 직원들은 '네, 네' 대답만 할 뿐, 한 귀로 듣고 한 귀로 흘렸다. 내가 앞으로도 계속 구청장으로 남을지 아니면 몇 달 뒤에 떠날지 알 수 없는 상황에서 무모한 사업에 힘을 들이려 하지 않았다.

그러나 막상 민선 4기 구청장으로 당선되고 나자 직원들의 태도가 달라졌다. 나는 담당과인 환경위생과의 과장을 우1동 동장으로 있던 박도근 과장으로 교체한 뒤 다시 정화조 민원 이야기를 꺼냈다.

"반송동의 정화조 민원을 해결하려면 법을 바꿔야 한다는데, 한번 해볼 수 있겠습니까?"

"예, 열심히 한번 해보겠습니다."

열심히 해보겠다는 담당 과장의 말에 기대를 걸었다. 적어도 4년 임기가 보장된 재선 구청장이라 그런지 기분 좋은 예감이 들었다.

실제로 담당 과장이 반송동 현장으로 나가보니 상황은 막막할 정도였다. 규정에 맞지 않은 정화조를 그대로 둔 채 분식점이니 호프집을 하고 있으니 다들 불법이었고 단속 대상이었다. 그것도 본인이 과장으로 있는 환경위생과에서 단속해야 할 대상이었다. 단속을 해야 하는 주체이자 그 문제를 해결해야 할 당사자가 바로 자신이었던 것이다. 모든 가게를 다 단속하는 것도 현실적으로 불가능했고, 그렇다고 단속을 안 하자니 명백한 불법을 그냥 방치하는 것이라서 업무 태만이었다. 이럴 수도 없고 저럴 수도 없었다.

그는 담당 팀장과 함께 일단 환경부에 한번 올라가보기로 했다. 그런데 환경부의 관련 팀이 부산시에 교육 강사로 내려왔다는 소식을 들었고 점심 때 잠깐 시간을 내서 브리핑 할 기회를 얻었다. 그는 짧은 시간 안에 상황을 정리해서 설명했다. 간단히 말해 20리터짜리 정화조 하나를 1년에 1회 청소하는 것에서 10리터짜리 정화조를 1년에

2~3회 청소하는 것으로 법을 고치면 된다는 내용이었다. 하지만 환경부에서 내려왔다던 그 담당자는 회의적이었다. 청소를 자주 할 것이라는 보장도 없고 감독하기도 어렵다는 것이었다.

— 집념의 민원 해결사

그 뒤에도 담당 과장은 팀장과 함께 서울의 환경부 청사로 직접 찾아갔고, 관련 기획안을 올릴 것이라는 답을 들었다고 했다. 하지만 며칠 뒤에 박 과장이 환경부에 전화를 해보니 실무자가 바뀌어 있었다. 잘 풀릴 것 같았던 일이 엉켜버릴 것 같은 불길한 예감에 다시 환경부로 찾아가기까지 했다. 그런 뒤에도 한동안 별다른 소식이 없자 박 과장은 이런 내용을 나에게 보고하면서 자기 잘못인 마냥 고개를 숙였다. 나는 한 번에 되는 일은 없다고 격려해주었고, 국장 및 차관, 장관은 내가 직접 만날 테니 다시 가서 담당자들을 만나보라고 지시했다.

그리고 얼마나 많은 날들이 흘렀을까…. 드디어 입법 예고가 나왔다고 했다. 2007년 3월 22일 환경부는 정화조 설치를 대폭 완화한 '하수도법 시행령' 개정안을 입법 예고했다. 청소 주기를 연간 1회에서 용량에 따라 최고 4회까지 청소할 수 있도록 인정해준다는 것이다.

이 법령 개정으로 당시 해운대구에서는 700가구 42억 원, 부산시의 경우는 9,661가구 580억 원, 전국적으로 7만 6,000여 가구 4,560억 원의 경제 혜택 효과가 발생했다. 〈국제신문〉에서는 "법까지 바꾼 '집념의 민원 해결사'"라는 제목으로 담당 과장과 팀장의 사진을 커다랗게 실어서 보도했다. 〈중앙일보〉에서도 이를 대대적으로 보도했다.

이 사례는 공무원이 처음부터 안 된다는 고정관념으로 일을 시작하지 말고 되는 방향에서 검토하는 것이 얼마나 중요한가를 새삼스럽게 일깨워준다. 법 규정을 엄밀하게 적용해서 일을 처리해야 하는 공무원 입장에서 보면 법 자체를 바꾼다는 발상의 전환을 하기가 어렵다. 설사 일선에서 그러한 문제점을 중앙부처에 건의한다 하더라도 어려움을 겪는 주민들과 직접 접하지 않는 중앙 공무원들을 설득하기는 하늘의 별을 따는 것만큼이나 어려운 일이기 때문이다. 이처럼 법까지 바꾼 정화조 민원의 해결 사례는 극적인 발상의 전환과 끈질긴 추진력이 거둔 승리였다.

주민의 입장에서 보고 듣는다

전통시장을 살리자

2009년, 해운대구가 급속하게 성장하는 변화의 물결 속에서 이른바 슈퍼슈퍼마켓(SSM)이라는 전국 굴지의 대형유통업체들이 해운대구에서 경쟁을 벌이며 호시탐탐 진입 기회를 노리고 있었다. 하지만 이런 대형유통업체가 들어서면 골목상권은 말할 것도 없고 전통시장 또한 심각한 존폐의 위기를 맞을 수밖에 없었다. 대기업 유통업체는 영업 활동을 통해서 발생하는 이윤을 본사로 가져가기 때문에 지역 내의 경제 활성화에도 그다지 도움이 되지 않았다.

골목과 전통시장의 상권이 살아나야 지역 주민의 살림살이가 좋아지는 것은 당연한 이치다. 그렇기 때문에 반송 지역의 재래상인과 주민들은 GS슈퍼의 입점을 반대하면서 한 달 넘게 시위를 했다.

GS슈퍼가 반송동에 건축 허가서를 제출했고, 구는 이 허가를 보류했지만 GS 측에서 제기한 행정심판에서 패소하고 말았다. 하지만 나는 포기하지 않고 여러 경로로 GS리테일에 입점 계획을 철회해달라고 호소했다. 2009년 7월 GS 임원들에게 보낸 다음 편지도 이런 노력의 일환이었다.

> 최근 GS그룹의 슈퍼마켓이 이곳에 들어서게 되어서 주변의 영세 상인들이 가졌던 희망이 조금씩 무너져가고 있습니다. 지금은 옛날과 달리 모든 것이 치열한 경쟁 속에서 살아가야 하는 무한경쟁 시대이지만 영세민 집단이주 지역의 구멍가게는 우리나라를 대표하는 GS그룹의 너무 나약한 경쟁상대가 아닌가 싶습니다.
>
> 부디 바라건대 반송동에 슈퍼마켓을 입점시키는 계획을 철회해주셔서 하루하루 정말 어렵게 살아가는 우리 구민들에게 희망을 주시기를 간절히 바랍니다. 영세자영업자가 몰락하면 결국 빈곤층으로 전락하여 국가의 보호를 받아야 하는 처지에 놓일 것이며, 지역 인구의 감소로 이어져 이 지역 전체에 영향을 미치지 않을까 불안한 생각이 듭니다.

이 편지를 쓰면서도 대기업에 맞서는 전통시장 상인들을 생각하면 한편으로는 무기력함을, 또 다른 한편으로는 무거운 책임감도 함께 느꼈다.

이런 와중에 다행히 중소기업청에서 기업형 슈퍼마켓에 대한 권한을 시도지사에게 이양했다. 그래서 부산시는 부산 지역 SSM 다섯 군데에 대해서 사업 개시 일시정지 권고를 내렸다. 이 가운데 세 곳이 반송동 GS슈퍼, 좌동과 재송동에 있는 홈플러스익스프레스였다.

그러나 아무리 시와 구가 영세 자영업자를 보호하려는 정책을 펼친다고 하더라도 자유경쟁시장의 원리상 대기업의 입점을 무조건 거부하고 막을 수는 없는 일이다. 전통시장도 시설을 현대화하고 새로운 마케팅 방법을 개발해야 한다. 이런 개발의 일환으로 구청에서는 전통시장의 간판, 천막, 조명시설, 방송시설 등을 현대화하는 작업을 꾸준히 해왔다. 특히 반송2동 및 3동 골목시장 시설현대화 사업으로 2012년에 고객지원센터를 건립, 전체 시장 차원에서 고객 서비스를 제공함으로써 서비스의 질을 높일 수 있도록 한 것은 반송 살리기의 의미 있는 성과였다.

주민공동작업장

해운대구청장으로 있으면서 '최초'라는 수식어가 붙은 사업들을 참으로 많이 추진했다. 다행히 그런 사업들이 적지 않은 성공을 거두면서 언론에도 소개되었고, 무엇보다도 성공적인 도시경영이란 측면에서 다른 지자체의 벤치마킹 대상이 되었다는 데 보람과 자부심을 느낀다.

이런 사업들 가운데 하나가 주민공동작업장이다.

2010년 7월 1일, 나는 민선 5기 제6대 해운대구청장으로 취임했다. 세 번째이자 마지막 임기가 시작되자마자 나는 곧바로 여섯 명의 정책동장을 임명하면서 최우선 과제로 지역 주민에게 일자리를 제공할 수 있는 공동작업장을 마련하라고 지시했다. 이것은 일자리 5,000개를 창출하겠다는 공약을 실천하기 위한 첫걸음이었다. 반여·반송·재송 지역은 저소득층이 많아 번듯한 일자리를 찾기가 여간 어렵지 않았다. 이 지역에 공동작업장을 만들면 출퇴근하는 비용이나 점심식사 비용을 아낄 수 있을 뿐만 아니라 마음의 여유를 가지고 자활능력도 기를 수 있지 않겠느냐는 생각에서였다.

주민공동작업장은 말 그대로 주민들이 함께 모여서 일을 하고 돈을 버는 작업장이다. 그런데 다른 점이 있다면, 동과 구청이 직접 나서서 작업 공간과 임금 전액(동에 따라서는 일부)을 지원하고 구청이 기업체와 양해각서(MOU)를 체결해서 일감을 얻어주면 기업체는 주민들에게 기술을 지도하고 필요에 따라 인력을 직접 채용하기도 한다.

이런 식으로 반여2동에서 제일 먼저 공동작업장을 열었다. 반여2동장은 정책동장으로 가기 전 경제진흥과장으로 근무하면서 일자리창출 업무에 대해서 다른 동장보다 더 많은 노하우를 가지고 있었기 때문에 유리했다. 이 사업의 경우 작업장을 마련하는 것과 일감을 줄 협력업체를 구하는 것이 가장 급선무라는 것을 잘 이해하고 있었다. 반여2동장은 경제진흥과장을 하면서 친분이 있던 의류봉제업체 세일통상에 협력을 요청했다.

세일통상은 2010년 3월부터 6월까지 해운대구와 협약을 맺어 소기업 희망근로자 파견 사업에 참여했던 업체였다. 다행히도 세일통상 대표는 평소에도 지역주민의 일자리 창출에 대한 관심이 높았던 터라 흔쾌히 일감을 제공할 것을 약속했다.

그다음 문제가 작업장 확보였다. 반여2동은 정책이주지여서 작업장으로 삼을 만한 적당한 공간이 없었다. 주택을 매입하여 작업장을 만들기에는 예산과 시간이 많이 들었다. 더욱이 주택 규모가 20평이 채 안 되기 때문에 매입해서 리모델링을 한다고 해도 작업장으로 사용하기에는 좁았다. 그런데 마침 반여2동의 새마을금고 4층 회의실이 비어 있는 것을 알게 되었고 동장은 금고이사장과 이사진들을 여러 차례 방문해서 지역 주민이 혜택을 받는 사업에 동참해달라고 설득했다. 그러나 임대료가 문제였다.

반여2동에서는 보증금 없이 월세 50만 원밖에 줄 형편이 못 되었지만, 새마을금고 측은 4층 공간을 보증금 3,000만 원에 월세 80만 원 조건으로 임대할 계획을 가지고 있었기 때문이다. 실제로 새마을금고 3층은 보증금 3,000만 원에 월세 120만 원으로 세를 주고 있어서 형평성에도 맞지 않다는 것이었다. 게다가 이런 문제는 금고 이사장이나 이사들만으로 결정할 사항이 아니라 회원들의 동의를 받아야 하는 것이어서 시간이 걸리는 문제였다. 다행히 회원들이 새마을금고의 수입보다는 지역 주민에게 이익이 되는 쪽으로 의견을 모아준 덕분에 장소 문제는 해결되었다.

이렇게 해서 해운대구 최초이자 전국 최초의 주민공동작업장이 2010년 8월에 탄생했다. 이름은 '희망공동작업장'이었다. 여기에서 일하는 근로자들은 구청의 공공근로 사업이나 희망근로 사업에 신청을 넣었다가 탈락된 사람이거나 대기자들이었다. 이 작업장은 희망을 잃어버렸던 사람들에게 새로운 희망이었다. 세일통상은 2011년에 직원 중 30% 이상을 정규직원으로 채용하기로 약정했고, 실제로 1년이 지난 뒤에 그 약속을 지켰다.

— 전국에서 해운대를 배우러 오다

반여4동과 반송2동 그리고 재송2동에서도 비슷한 과정을 거쳐서 주민공동작업장을 열었다. 특히 반여4동은 주민이 직접 나서서 협력업체를 발굴했으며, 재송2동은 동사무소 지하의 창고를 개조해서 작업장으로 만들었다. 그래서 여기에서 일하는 주민은 "동사무소로 일하러 간다"고 말하기도 한다. 받는 돈은 적어도 떳떳한 일을 하는 게 자랑스럽다는 주민의 말을 들을 때면 가슴이 뭉클해지기도 했다. 비록 지금은 형편이 어렵다 해도 시간이 흐른 뒤엔 분명 예전에 고생했던 이야기를 웃으면서 하게 되기를 진심으로 바랐다.

현재 반여2동에서는 의류 제조 및 제품 포장을 하고, 반여4동(한 마음나눔터)에서는 해물다시팩을 포장하며, 반송2동(희망나눔터)에서는 건미역을 가공해서 납품하고, 재송2동(송수행복한일터)에서는 악기를 조립한다. 그리고 2013년 7월 반송1동에서도 작업장(깔깔깔 작업장)을 열어 의류 뒷마무리 작업을 하고 있다.

해운대구의 주민공동작업장은 기존의 희망근로사업처럼 단순히 일자리 숫자만 늘리는 일자리가 아니다. 참여자들이 기술을 익혀 자활능력을 기르도록 하고, 여기에서 발생한 수익금으로 새로운 지역 일터를 양성하는 데 초점을 맞추었다. 이는 수많은 언론으로부터 지역사회의 새로운 일자리창출 사업의 모범적인 모델을 만들어냈다는 평가를 받았다. 행정안전부의 우수 사례로 소개되면서 전국으로 파급되어 경기도와 전라도 등 전국에서 벤치마킹을 하러 왔으며, 자료 요청 문의전화가 너무 많아 업무에 지장을 받을 정도였다.

결국 이 사업은 2010년 7월 행정안전부가 주는 일자리창출 부문 대통령상을 받았다. (이때 상금으로 5억 원을 받았는데, 이 상금에 2009년 희망근로사업으로 받은 대통령상의 상금 5억 원을 합쳐 반송동에 전국 최초의 일자리 종합지원센터인 '해운대행복나눔센터'를 지어 2011년 11월에 완공했다.)

무엇보다 중요한 것은 이런 성과가 정책동장이라는 파격적인 제도에서 비롯되었다는 점이다. 사실 고참 사무관들을 민원 수요가 많은 동의 일선 동장으로 내보내는 이 제도에 대해서 안팎으로 무언의 압력과 반대가 있었다. 그럼에도 일선 동의 동장이 주민들의 일자리를 만드는 데 앞장서야 한다는 믿음 때문에 이 제도를 취임 첫 해부터 시도했던 것이다. 이 제도는 구청장 재선 뒤인 2007년부터 시작되긴 했지만 결과적으로 보면 이렇게 일선으로 나간 정책동장들은 주민들의 평가에 따라서 승진이 좌우될 수 있었기에 부지런히 뛰어다닐 수밖에 없었고, 또 그렇게 해서 좋은 결과를 만들어냈다. 하지만 가장 근본적인 사실은 주민의 처지에서 주민의 눈으로 먼저 생각하는 주민중심주의라는 구정 철학이 있었기에 이런 일도 가능했다는 점이다. 그런 철학이 있었기에 정책동장제도도 주민공동작업장도 가능했던 게 아니었을까?

노사분규 없는 회사, 시민주주 청소업체

"민간위탁 폐지하라!"

"용역 보고서대로 인건비를 지급하라!"

2004년 6월 7일 구청장 취임식이 예정된 구청으로 첫 출근을 하던 나를 구청 정문에서 맞이한 것은 화려한 팡파르가 아니라 시끄러운 꽹과리 소리였다. 구청의 용역을 받은 해동환경이라는 청소 대행업체 노조원들이 2월부터 시작해서 벌써 넉 달째 텐트를 치고 농성을 하고 있었던 것이다. 노조원들은 봄부터 파업에 들어갔고 회사도 부분 직장폐쇄로 맞섰으며, 이에 노조원들은 해운대구청 앞에서 연일 농성을 벌인 것이다.

이들은 확성기를 구청 정문과 가까운 구청장실 쪽으로 돌려놓고 몇 시간씩 소란을 피우곤 했다. 사무실에 있으면 그 소리가 너무도 시끄러워 머리가 아플 지경이었다. 구는 노조와 업체 사이에 원만한 합의가 이루어지도록 계속 중재를 했지만 성과는 없었다.

통상적으로 주민이 내놓는 일반쓰레기와 음식쓰레기를 치우는 업무는 일부만 제외하고 외부에 용역을 준다. (모든 업무를 외부 용역으로 처리할 경우, 폭우나 폭설 등이 발생할 때 청소 인력을 비상동원해서 처리해야 할 일이 생기는데, 이런 일을 원활하게 처리할 수 없기 때문에 일정한 인력을 구청이 직접 고용한다.) 그런데 이 용역업체들이 구청과 도급계약을 체결할 때 구청에서 제시한 근거 내용과 실제 운영 내용이 달라서 문제가 발생한 것이다.

— 솔로몬의 지혜가 필요한 문제

이런 일은 비단 해운대구청만의 문제가 아니라 전국의 모든 시군구, 더 나아가 청소용역 분야 전체에 만연해 있던 구조적인 문제였다. 그런데 부산에서 청소대행업체의 노동조합이 2002년경에 만들어지고 노조원들이 이런 실태를 파악하게 되면서 종사원들이 들고 일어난 것이다. 그런데 업체에서 말을 들어주지 않자 용역을 발주한 구에서 해결하라고 확성기를 돌린 것이었다. 이들의 요구사항은 도급계약서에 명시된 노무비 총액이 고스란히 자기들에게 지급되도록 할 것, 해운대구가 자기들을 직접 고용할 것 등이었다.

하지만 구의 입장은 구가 해당 업체와 총액계약을 맺기 때문에 업체의 구체적인 경영에는 관여할 수 없다는 것이었다. 그렇다고 해서 청소 업무의 민간 위탁을 폐지하고 구가 직접 그 일을 하는 것도 예산 등의 문제로 불가능한 일이었다.

여기에는 청소 대행이라는 용역 시장이 유연하지 못해서 업체가 제한적이라는 점이 크게 작용한다. 이 분야의 시장에 진입하기 위한 장벽이 워낙 높다 보니 일종의 독과점이 형성되어 자유경쟁 체제가 불가능한 형편이었다. 해운대구의 경우도 3개 업체만이 줄곧 일을 맡아온 터였다.

이런 상황에서 구가 청소대행업체를 압박하는 어떤 조치를 취하려 하면 업체들은 기득권을 지키려고 대응한다. 업체들이 손을 놓아버리기라도 하면 골목마다 쓰레기가 산더미처럼 쌓일 것이 분명하다. 그렇다고 해서 이를 대체할 다른 업체도 없다. 구가 직접 고용한 인력을 동원해도 역부족이다. 청소 업무를 도급으로 돌려서 예산을 절감하는 효과는 분명히 있지만, 그 이면에는 이런 어두운 그림자가 있었던 것이다. 이 문제를 해결하는 데는 솔로몬의 지혜가 필요했다.

노조원들은 업체별로 돌아가면서 구청 정문 앞에서 노조탄압 중지, 해고자 복직, 원가 용역상의 임금 지급 등을 요구하며 집회를 이어갔다. 특히 2011년부터 1년여 동안에는 이틀이 멀다 하고 170회 이상 집회를 했다. 그 바람에 해운대구 직원들은 심각한 소음 문제에 시달렸다. 업무를 제대로 볼 수 없었을 뿐만 아니라 난청 현상을 호소하는 직원도 생겨났다. 주변 상가 등에서도 소음 문제로 집단 민원을 제기했다.

구의회는 2011년과 2012년 행정사무감사 때 청소 노조원들의 정문 집회와 관련하여 노사문제 중재 과정에서 나타난 문제점을 지적했다. 기존의 3개 업체가 종사자들의 복리후생은 뒤로 미루었고, 노후된 설비 및 장비 등은 개선하지 않으면서 업체 이익 챙기기에만 급급했다는 것이었다. 아울러 구의회는 해운대구의 인구가 지속적으로 증가할 것을 감안해서 1~2개 업체를 더 선정한 뒤 경쟁 체제로 운영될 수 있도록 적극 검토하라고 지적했다.

— 부산의 첫 '시민주주' 청소대행업체 탄생하다

그렇다면 어떻게 할 것인가? 마침 성남시가 2011년 1월에 시민주주 청소업체를 공개 모집했고, 12개 업체가 참여한 가운데 3개 업체가 선정되어 3월부터 기존의 15개 업체와 함께 대행 업무를 해오면서 좋은 성과를 내고 있다는 사실을 알았다. 뒤늦은 감이 있긴 하지만 나는 2012년 4월 30일에 성남의 사례를 벤치마킹하라고 지시했다. 이를 담당하게 된 김수호 과장이 성남에 견학을 하러 갔는데, 이미 부산시폐기물협회에서 전날 다녀갔다고 했다. 저쪽에서도 위기감을 느끼고 대응에 나섰던 것이다.

해운대에서는 최소 10인 이상의 주주, 1인 주식 보유한도는 직계존속을 포함하여 20% 이내로 제한, 회사의 중요 사항은 운영위원회에서 결정, 운영위원회 구성원의 40% 이상을 청소업체 종사자, 서비스 수혜자 등 이해관계인 참여, 소외계층 30% 고용, 이윤의 20% 이상을 사회 환원 혹은 직원 복리후생에 사용 등의 조건을 만족하는 시민주주 청소 대행업체를 모집한다는 공고를 냈다. 이렇게 한 개 업체를 선정해서 1년 동안 운영해본 뒤 특별한 하자가 없을 경우 기존의 3개 청소용역업체도 3년 뒤에는 시민주주기업 형태로 변화를 유도한다는 방침도 발표했다.

그러자 기존 업체들이 이 신규 모집공고에 대해서 집행정지 소송을 제기했다. 자기들이 장기간 구청과 위탁계약을 체결해왔으며, 따라서 자기들이 위탁계약을 체결할 기득권이 박탈되어 권익을 제한당하며, 또 사전에 아무런 통지나 의견제출 기회를 주지 않은 상태에서 낸 신규 대행업체 모집공고는 절차상 위법한 행위이므로 취소되어야 한다는 주장이었다. 또한 부산시폐기물협회가 해운대구의 이런 흐름이 부산시 전역에 파급될 것을 우려했기 때문이기도 했다. 한편 민주연합노조에서는 대행업체 추가 선정에는 찬성하지만 사회적기업과 성격이 유사한 시민주주기업 형태의 청소업체 등장이 노동조합을 약화시키지나 않을까 하는 마음에 역시 반대를 하고 나섰다.

그러나 이 방침은 그대로 집행되었다. 2013년 1월에 대행업체 추가선정을 위한 사업설명회가 열린 뒤 4개 업체가 공모에 참가했고 최대한 공정성을 기한 심사 끝에 '희망환경'이 최종적으로 선정된 것이다. 해묵은 문제의 실마리를 푸는 이런 솔로몬의 지혜가 실현되기까지는 결코 쉽지 않은 과정이 이어졌고, 마침내 2013년 7월 23일 오후, "부산 해운대구, 시민주주 청소대행 업체 선정"이라는 제목의 기사들이 인터넷에 빠르게 도배되기 시작했다.

시민주주기업 형태의 업체에서는 청소 노동자가 직접 경영에 참여하는 만큼 노사 갈등의 우려가 해소되고 종사자가 주인의식을 가지고 일을 하게 되는 만큼 서비스의 질도 한결 개선될 것이다. 그리고 여기에 따른 모든 혜택은 모두 소비자인 주민에게 돌아간다. 적어도 이론적으로는 그렇다.

이렇게만 된다면 해운대구뿐만 아니라 전국의 시군구가 받고 있는 고질적인 민원을 해결할 수 있는 모범이 될 수 있다. 일단 청소 일에 종사하는 노동자들이 행복해질 것이며, 그 결과 깨끗한 청소 서비스에 주민들도 행복해질 것이다. 적어도 꽹과리를 치며 업무를 방해하고 분신이라는 위험한 도박까지 감행하며 억울함을 세상에 알리려는 폭력적인 해결 방식도 사라질 것이다. 그렇기에 나는 희망환경이 순항을 거듭해 성공적인 모델로 자리 잡을 수 있기를 진심으로 기대한다.

하지만 2004년의 나의 첫 출근을 시위로 맞이했던 청소대행업체 노조는 지금 시민주주기업인 희망환경의 청소업무 위탁 폐지를 주장하며 간헐적으로 시위를 하고 있다. 참으로 답답하다. 주변의 지인들 가운데 많은 사람들이 시민주주기업 형태의 청소업체를 공모할 때 나에게 이렇게 물었다.

"굳이 왜 그렇게 앞장을 서십니까? 다른 데서 하는 대로 그냥 대세를 따라가면 말썽도 안 생기고, 설사 말썽이 생긴다 하더라도 함께 묻어가기 때문에 날아오는 돌멩이를 맞지 않아도 될 텐데, 굳이 그렇게 힘든 길을 갈 필요가 있습니까?"

답은 간단하다. 구청의 존재 이유는 주민이기 때문이다.

진정한 주민 자치를 위하여

● 구정의 모든 중심을 주민에게 둔다는 원칙은 새삼스러운 것이 아니다. 이것은 당연한 원칙이다. 그야말로 풀뿌리 민주주의의 일선 현장이 구청이기 때문이다. 그렇기 때문에 '기초' 자치단체이다. 나는 이런 원칙을 구정에 실천하려고 의식적으로 노력했다. 그런데 어떤 경우에는 처음부터 그럴 의도가 아니었는데 사업을 시행하다 보니까 '아, 우리가 지금 풀뿌리 민주주의를 실천하고 있구나, 우리 구가 민주주의 행정을 실천하고 있구나' 하는 생각이 들 때도 있었다.

주차단속 현장체험단

불법주차단속 요구와 단속 결과에 대한 불만은 행정 전반에 대한 불만으로 이어진다. 그래서 해운대구는 2008년부터 실제 주민이 단속 현장을 직접 체험하고 주민과 구청 사이에 신뢰를 쌓자는 취지에서 '주차단속 현장체험'을 운영하고 있다. 연간 100명이 하루에 4시간 현장에 투입되는데, 물론 여기에 참여하는 사람들은 평소 주차단속에 불만을 가지고 있는 사람이 대부분이다.

이 체험에 참여한 주민 가운데는 더러 적극적으로 단속에 임하는 분들도 있다. 본래는 주차단속 현장의 어려움을 이해시키고 주정차 질서 계도가 목적이어서 단속 시 참관만 하도록 하지만, 성격이 급한 주민은 직접 나서서 위반 차량에 스티커를 붙이고 사진을 찍는 일까지 한다.

한번은 이런 일도 있었다. 한 주민이 불법주차한 자기 차에 스티커가 붙어 있자 단속원들을 쫓아와서는 봐달라며 거칠게 항의했다. 그러자 현장체험단 주민이 화가 나서 이 위반자와 말다툼을 벌였고, 나중에 서로 멱살을 잡는 실랑이까지 벌였다.

현장체험 후에는 주차 질서와 교통행정 업무 전반에 대해 설문을 작성하게 하는데, 주민의 이런 목소리를 담아서 교통체계에 반영하고 있다. 이 작은 일이 전체 구정에 얼마나 도움이 될까 하고 생각할지도 모르지만, 구청의 존재 이유인 주민 섬김의 행정을 직원과 주민이 함께 인식하고 그 중요성을 상징적으로 보여주는 제도임에는 틀림이 없다.

주민참여예산제

주민참여예산제도를 인터넷에서 검색해보면 이렇게 나온다.

> 지방자치단체 예산 편성에 주민이 직접 참여할 수 있도록 한 제도로, 시민 참여를 확대함으로써 재정 운영의 투명성과 공정성을 높이고 시민이 예산을 통제함으로써 시민의 책임성을 고취시킬 목적으로 도입된 제도다. 지방재정법 개정으로 2011년 9월부터 의무화되었다.

그러나 우리 해운대구는 이 제도를 이미 2007년부터 시행해오고 있다. 이보다 앞서 광주 북구에서 2003년에 처음 실시한 이래 울산 동구와 북구에서도 이 제도를 시행했다.

이 제도는 구청장이 가지고 있는 예산편성권 범위 안에 있는 권한 가운데 일부를 주민에게 넘기는 것일 뿐 구의회의 고유권한인 예산 심의권을 침해하는 것은 아니다. 그럼에도 초기에는 이런 오해가 좀 있었다.

주민참여예산제는 2006년에 재선 출마를 하면서 내걸었던 공약사항이었다. 주민의 복잡하고 다양한 요구와 행정 수요를 반영하고 주민을 구정에 적극적으로 참여하게 함으로써 주민이 자치행정의 주인임을 깨닫게 하는 것이 1차 목적이었다. 해운대구 각 지역의 균형

발전을 도모하기 위해서라도 꼭 필요하다고 생각해서 공약사항으로 내걸었고 또 약속대로 시행했던 제도다.

그러나 실제로 처음 이 제도를 도입했을 때는 구청의 살림살이가 얼마나 어려운지 알리는 일이 주된 목적이자 효과가 되어버렸다. 전체 예산에서 구정 운영에 기본적으로 들어가는 예산을 뺀 나머지가 각종 사업에 투자될 재원인데, 당시에는 예산 상황이 좋지 않아서 인건비도 모자라 추경예산 편성으로 가까스로 위기를 넘겨야 했기 때문이다.

아무튼 그런 어려움 속에서 시작된 주민참여예산제가 지금은 의무적인 규정이 되어 있다. 아직도 다른 지자체들 가운데는 형식적으로만 이 제도를 시행하는 곳이 있지만, 우리 구에서는 예산 사정이 좋아진 지금까지도 계속 알차게 시행하고 있다.

특히 2013년에는 더 적극적인 참여를 유도하기 위해서 주민이 직접 회의에 참여하는 '찾아가는 예산참여 지역회의'를 개최했다. 그럼으로써 지역의 민원성 건의가 대부분이었던 점을 지양하고 시민단체와 연계해 취지와 목적, 회의진행 방식 등을 교육한 뒤 지역 실정에 맞는 의제를 설정하도록 유도했다. 또한 각 동마다 스티커 붙이기와 ARS 활용 등의 방법을 동원해서 주민자치를 물리적으로 생생하게 느낄 수 있도록 했다.

이런 과정을 통해 2013년에 선정된 지역 의제는 '공동체 소통 텃밭'(반여3동)과 '사회적 약자를 위한 공원 내 보행안전 개선'(좌2동) 등

18개 동 36건이다. 이 안건들은 소관부서와 주민위원회의 검토를 거쳐 12월에 최종 예산안이 확정된다. 예산담당 직원들이 업무 과중에 시달리면서도 이런 방법을 연구하고 개발하느라 애를 참 많이 썼다.

구민배심원제

구민배심원제는 행정과 관련해 집단민원이 발생할 경우 19세 이상 주민 100명의 연명을 받은 민원인 대표자가 배심 심의를 청구하면, 구에서 민원법정을 열어 배심원단이 평결에 참여하도록 하는 제도다. 말 그대로 이해관계가 갈리는 어떤 중요한 사안에 대해 주민이 배심원이 되어 구정의 방향을 정하자는 것이다. 법원이 시행하고 있는 국민참여재판제도와 비슷하다고 보면 된다.

행정 행위나 어떤 사업을 시행하다 보면 주민과 구청 사이에 갈등이 생길 때 행정심판이니 감사청구니 소송이니 하는 법적인 절차가 따르기도 한다. 이때 주민은 주민대로 또 구청은 구청대로 아까운 돈과 시간을 낭비하고, 주민과 구청 및 주민 간 갈등의 골이 깊어질 수밖에 없다. 그래서 특히 주민과 주민 사이의 이해관계가 분명하게 갈리는 어떤 사안에 대해서 주민이 스스로 합리적인 해결 방안을 모색할 수 있는 제도가 없을까 하고 고민하다가 몇 차례 간부회의를 거치면서 이 제도를 한번 시행해보기로 했다.

준비를 마친 2011년 11월 구민 가운데 38명의 배심원 후보자를 뽑았다. 이들 가운데 10명이 사안이 있을 때마다 배심원으로 선정되어 배심 활동을 하는 방식이었다. 38명은 일종의 풀(pool)이었다. 배심원은 환경, 도시계획, 법률 등 분야별 민간 전문가와 시민단체 회원, 일반 주민들로 2년 임기 동안 무보수 명예직 자원봉사자로 활동하기로 했다. 물론 현재의 법률 및 행정 체계상 배심원단의 결정은 법적 구속력이 없고 권고 형식으로만 구청에 전달될 수밖에 없다. (국민참여재판제도 또한 마찬가지다.) 하지만 구는 이 권고를 정책 결정에 적극 반영하지 않을 이유가 없다. 여기에서 나온 권고안은 주민들이 갈등을 스스로 조정해서 내놓은 것이기 때문이다. 이 제도는 그 해 12월에 운영지침을 제정해서 법적인 근거도 마련됐다.

당시 구민배심원제는 2008년 경남 창원시가 처음 도입한 뒤로 충북 옥천 등에서 시행되고 있었지만 부산에서는 해운대구가 처음이었다. 지금은 대전 유성구와 경기 수원시 등에서도 시행되고 있다.

— 이런 제도가 진작 있었다면…

2013년 6월 13일 오후 3시 해운대구청 5층 대회의실, 구민 배심원제 민원법정이 열렸다. 안건은 '장산의 자연휴식년제 도입 방안'이었다. 주5일제가 확산되면서 장산의 이용객이 급증했고, 이런 추세에 따라서 장산 생태계가 심각하게 훼손되고 있어서 자연휴식년제 도입과 관련한 다양한 방안들을 검토하기 위한 자리였다.

구민배심원제는 이해관계가 갈리는 어떤 중요한 사안에 대해 주민이 배심원이 되어 구정의 방향을 정하는 제도다. 구청은 여기서 나온 권고안을 정책 결정에 적극 반영한다. 주민들이 갈등을 스스로 조정해서 내놓은 것이기 때문이다.

참석자는 이해당사자 4명과 배심원 10명, 간사와 서기 각 1명, 방청객 45명이었다. 회의 내용은 배심원 가운데 판정관 선출, 장산의 현황 및 자연휴식년제 설명, 이해당사자의 발언 및 질의, 마지막으로 배심 결정이 있었다. 판정관은 배심원 가운데서 호선으로 정한다는 원칙 아래 황태용 부산시산림조합장이 선출되었다.

배심원단은 해운대구청 2층 소회의실에서 1시간 동안 비공개회의를 진행했고, 장산휴식년제 도입에 대해서는 1명이 샛길 영구 폐쇄를 전제로 하는 조건부 찬성 1명을 포함해서 10명 전원이 찬성했다.

처음 어떤 일을 해냈다는 것은 늘 뿌듯하지만, 이 제도에 대한 나의 애정은 각별했다. 이런 제도를 진작 마련했더라면 2009년 장산 정상에 목재 데크를 설치하는 문제로 구청과 주민, 주민과 주민 사이에 감정의 골이 격하게 벌어지지도 않았을 것이고, 결국 좋은 사업이 오해를 받고 폐기되고 말아 장산이 빠르게 훼손되지도 않았을 것이란 생각이 들었기 때문이다.

해운대구청의 꽃, 복지사

구청의 복지 담당부서와 복지사들은 구청에서 가장 궂은일을 하지만, 이들이야말로 구청의 꽃이다.

복지사들은 기본적으로 업무량이 넘쳐난다. 게다가 소외계층 사람들을 주로 만나다 보면 이 사람들은 공무원이면 뭐든지 다 할 수 있다고 생각한다. 특히 사회복지 담당 공무원은 당연히 친절해야 하고 베풀 줄 알아야 하고 자기들 요구를 다 들어줘야 한다고 생각하는 경우가 대부분이다.

그러다 보니 요구사항을 들어주기 어렵다고 하면 일부이긴 하지만 막무가내로 떼를 쓰거나 욕설과 함께 폭언을 퍼붓는다. 뿐만 아니라 머리채를 잡는다든가 계란을 던진다든가 책상을 내리치거나 의자를 던지거나 하는 폭행도 서슴지 않아서 복지사들은 신변의 위협

뿐 아니라 정신적인 고통도 심하게 겪는다.

업무보고를 하러 온 복지사들과 대화를 해보면, 민원인이 엄청 어렵고 딱한 처지에 놓여 있는데 법적·제도적 요건이 부족해서 지원을 해주지 못하는 경우가 많아서 자괴감이 들 때가 한두 번이 아니라고 했다. 또한 민원인뿐만 아니라 주변 사람들로부터 복지사들은 무조건 친절하고 베풀어야 한다는 시선도 본인들에게 큰 부담이 아닐 수 없다. 그럼에도 처음 만났을 땐 외면하고 반겨주지도 않은 채 피하기만 하던 대상자가 서서히 사회구성원의 한 사람으로 변해가는 모습을 볼 때 가장 큰 보람을 느낀다고 했다.

늘어나는 복지 예산에 비해 생활복지로서의 주민 체감복지는 낮은 것이 현실이다. 이에 대한 해결 방안으로 지역사회 복지협의체의 활성화와 지역자원(후원자) 연계를 통해 우리 구만의 특색 있는 네트워크를 형성하고 주민의 자발적인 자치 활동을 활성화하려고 한다.

이런 네트워크 사업 가운데 하나가 '사랑방중개소'인데, 딱한 처지에 놓인 사람을 소개하고 후원해줄 사람을 물색해서 연결해주는 사업이다. 그러다 보니 이 사업을 맡은 부서의 업무 중에서는 후원자를 발굴하는 게 가장 큰 일이 된다. 그래서 나도 될 수 있으면 많은 사람들에게 이런 얘기를 하고 후원자를 찾아주려고 애를 쓴다.

복지담당 직원들의 헌신적인 노력으로 우리 복지담당 부서에는 타 지자체에서 한 달에 한두 번씩은 꼭 견학을 하러 온다. 2011년에는 해운대구청이 대통령직속 사회통합위원회로부터 사회복지전달체계

우수 지자체로 선정되기도 했다. 또 2012년에는 보건복지부장관의 해운대구 방문을 계기로 반송 '청소년 문화의 집' 건립비용 12억 원을 국비로 지원받아 착공 절차를 밟고 있다.

한편 2013년 9월 보건복지부가 전국 지자체를 대상으로 2012년 지역복지사업을 평가했는데, 우리 해운대구가 지역 청소년들을 대상으로 실시한 맞춤형 사회복지서비스인 '해피 해운대사업'을 높이 평가해서 해운대구를 최우수기관에 선정했다.

활발한 주민 자치활동

어떤 노인요양병원에서 특별한 실험을 한 적이 있다. 표본 집단을 둘로 나누어서 한 쪽은 청소, 화분 가꾸기, 급식 등을 스스로 알아서 하도록 했고, 다른 쪽은 모든 것을 간호사들이 철저하고 완벽하게 시중을 들도록 했다. 전자 집단의 환경은 상대적으로 지저분하고 시끄러울 수밖에 없었다. 그런데 놀랍게도 전자 집단의 환자들이 더 건강하게 오래 살았다고 한다. 이 결과는 자치가 인간 생존과 행복에 얼마나 소중한 것인지 잘 보여준다. 이런 실험 결과를 구정에도 적용할 수 있다.

해운대구는 주민 자치활동이 비교적 활발하게 이루어진다. 특히 어려운 동네에서 더욱 그렇다. 해운대에서도 장애인과 기초생활수급자가 밀집해 있는 반송 지역에서 주민 자치활동은 오히려 가장 활발하게 이루어진다. 2001년에 이미 반송 1·2·3동의 주민 단체들이 모여서 반송지구발전협의회를 만들었다. 다들 어렵게 살아가는 동네지만 따뜻한 정이 넘쳐난다. 2004년 부산시주민자치박람회에서 최우수상, 2005년 전국주민자치박람회에서 종합운영 분야 최우수상을 받은 동네도 바로 반송2동이다. 일본의 치바대학교에서도 이 지역의 주민 자치활동을 연구하러 해마다 찾아온다. 그래서 예전에는 반송 지역 사람들도 누가 '당신 어디에 사시오?' 라고 물으면 해운대에 산다고 대답했지만 요즘에는 반송에 산다고 당당하게 대답한다고 한다. 그만큼 자기 지역에 대한 자부심이 높아졌다는 말이다.

자치활동은 이렇게 공동체의식을 통해서 자존감을 높여주고 (앞서 예로 들었던 노인요양병원에서처럼) 삶의 의욕을 높여준다. 이런 사업을 적극적으로 지원하는 것이 바로 주민을 위한 구정이고 또한 해운대구가 존재하는 이유다.

2008년 연말에 반여3동 동장과 그 동네 주민이 살아가는 이야기를 나눈 적이 있다. 그 이야기 끝에 반여3동 이야기를 세상 사람들에게 널리 알려야겠다고 마음을 먹었고, 그렇게 해서 썼던 글이 있다. 투고를 하긴 했지만 안타깝게도 신문에 실리지는 않았다.

가난하지만 따뜻하고 아름답게 살아가는 사람들 속에서 풀뿌리 민주주의의 소중한 가치들이 어떻게 빛을 발하는지 보여줄 수 있을 것 같아 낡은 글이긴 하지만 소개한다.

따뜻한 동네, 무지개마을

부자 동네로 알려진 해운대에도 그늘진 곳이 있다. 무지개마을이라고 불리는 반여3동이 그중 하나다.

1970년대 초 도심재개발 정책이주지역으로 산 중턱에 단층 슬레이트 집을 줄지어 짓고 무지개 색으로 지붕을 칠해 블록을 표시했다 해서 무지개마을이라는 이름이 붙여졌다. 지금은 주거환경개선지구로 지정되어 단층가옥에서 4층 연립형으로 모두 재건축되었지만 한 건물에 소유권을 각자 가진 여덟 세대가 산다. 건물과 건물 사이가 다닥다닥 서로 기대고 있어 낮에도 집에서는 불을 켜야 할 만큼 어둡다. 주민들이 쉴 수 있는 공간은커녕 골목길이 온통 주차장일 정도로 주거환경이 열악하다.

게다가 주민의 5.2%가 기초생활수급자이고 장애인과 노인이 각각 4.7%와 10.8%를 차지하고 있지만, 이곳 주민들은 자기가 이웃보다 조금 낫다고 생각되면 형편껏 가진 것을 나눈다. 인구 1만 3,700명의 작은 동네이지만 나눔회, 사랑회, 상조회의 이름을 가진 단체가 유독 많다. 이들은 불우이웃과 독거노인을 위한 사업을 하면서 이웃을 사랑하는 마음으로 늘 행복하다.

특히 무지개장학회는 해운대구에서 몇 안 되는 동 단위 장학회이다. 1997년 당시 거택보호대상자였던 강화영 할머니가 자기 전 재산이었던 전세금 700만 원을 불우한 사람들을 위해 써달라는 유언을 남기고 돌아가셨다. 주민들은 한 번에 써버리기에는 너무 귀한 돈이라 여겨서 의논 끝에 장학회를 만들기로 했다. 그래서 1999년 7월에 무지개장학회를 창립하고 모금을 하여 2,600만 원의 기금을 만들었다. 지금은 6,700만 원으로 불어나 그 이자로 매년 3월에 8명의 학생들에게 50만 원씩 장학금을 주고 있다.

이 장학회의 이사 18명은 20만 원에서 30만 원의 연회비를 내고 있고, 장학회 이사를 희망하는 주민은 계속 늘어난다. 또 이사가 아니더라도 한 명이라도 더 혜택을 주기 위해 주민들이 수시로 기부하고 있다. 동민 축제를 하면서 직접 음식을 만들고 의자를 옮기고 해서 남긴 45만 5,000원을 모두 기부한 축제 후원자, 반찬값을 아껴 모은 20만 원과 돼지저금통을 통째로 맡긴 통장님, 전보발령을 받으면서 받은 전별금 30만 원에 20만 원을 더 보태 전달한 동장, 장학회 이사회 가입 기념으로 20만 원을 흔쾌히 낸 신입이사, 1년 내내 모은 돼지저금통을 깬 어린이집 아이들 등등, 장학회기금은 주민들의 정성으로 조금씩 불어나고 있다.

반여3동에는 무지개장학회뿐만 아니라 어려운 경기에도 나보다 더 힘든 사람을 도와달라고 기탁한 성금품으로 '희망곳간'이 마르지 않는다. 이외에도 자비로 하루도 빠짐없이 하루 평균 150명의 어르신들에게 따뜻한 점심을 제공하는 약국 사장님, 몇 달 씩 방세를 받지 못하면서도 부모들이 방치한 아이를 돌봐주는 집주인, 치매 걸린 어르신의 대소변을 깨끗이 닦아주는 이웃 젊은이, 남 돕기를 좋아해서

'동네지갑' 이라고 불리는 방앗간 아저씨, 십시일반으로 모아 교복사주기를 하는 봉사단체 등 가난하지만 따뜻한 동네, 마음의 소리를 따라 세상에서 가장 멀다는 머리에서 가슴까지의 거리를 행복하게 동행하는 무지개마을 사람들이다.

힘들지만 오늘이 아름다운 이유다.

3장

살고 싶은 도시, 살기 좋은 도시

– 비즈니스 마인드

문화를 발견하고 가치를 창출하다

● 이재(理財)에 밝다는 것과 비즈니스 마인드로 무장되어 있다는 것은 다르다. 굳이 따지자면 소인배와 대인배의 차이일 것이다. 아무리 이재에 밝다고 해도 비즈니스 마인드가 없다면 공동의 몫을 키우려 하기보다는 내 몫을 더 차지하는 데 관심을 더 많이 가질 것이다. 그러다가 결국 제 꾀에 제가 넘어가기도 할 테고….

그런데 부산에서 세무법인 대표와 부산세무사회 회장으로 일하면서 나에게도 사업가 기질이 있다는 사실을 깨달았다. 구슬이 아무리 많으면 뭐 하나. 꿰어야 보배다. 의미 없이 흩어져 있는 것들 가운데 서로 짝이 맞는 것들을 꿰면 없었던 의미가 생겨나고 그에 따라 가치가 부여된다. 평범했던 구슬이 보배가 되는 것이다. 없던 가치를 만들어내는 것, 이것이 진정한 비즈니스 마인드다.

내가 만일 공직에서 물러난 뒤에 곧바로 구청장이 되었더라면 지금처럼 자부심 있게 내세울 만한 일을 해내지 못했을 것이다. 가령 마린시티를 개발하면서 지주 측이 내놓겠다는 사회환원금 285억 원도 내가 기업가적인 비즈니스 마인드를 가지고 있지 않았더라면 해운대구 문화복합센터 건립으로 이끌어내지 못했을 것이다.

컬처노믹스(culturenomics)는 문화(culture)와 경제(economics)를 합성한 말이다. 문화와 경제의 창조적 융합, 문화의 상품화 혹은 문화를 매개로 한 창의적인 고부가가치 창출을 뜻한다. 여기서 중요한 것은 문화를 단순히 마케팅 차원에서 이용하는 게 아니라 문화 그 자체에 경제적 가치를 부여하고 이 가치를 극대화한다는 것이다. 기업은 이미 이 개념을 적극적으로 활용하고 있으니, 도시경영에서도 당연히 적극적으로 활용해야 한다.

아닌 게 아니라 해운대는 천혜의 자연환경뿐만 아니라 역사적이고 문화적인 콘텐츠를 풍성하게 가지고 있다. 해운대를 초고층 빌딩과 호텔 숲의 국제 관광도시로만 생각하는 사람이 많은데, 알고 보면 부산에서 해운대만큼 유서 깊은 지역도 없다. 동백섬, 달맞이길, 미포, 청사포, 구덕포 등 발길이 닿는 곳마다 아름다운 전설이 전해진다. 스토리텔링의 보고라고 해도 틀린 말이 아니다. 이를테면 해운대의 진산인 장산만 해도 그렇다.

— 장산과 장산국 건국 신화

장산은 부산에서 금정산에 이어 두 번째로 높은 산으로 산세와 기품이 마치 장군처럼 위풍당당하다. 이 장산에는 삼한시대에 장산국(萇山國)이라는 나라가 있었다고 전해진다. 지리적으로는 가야와 신라 중간에 있으면서 신라에 예속되었지만 가야 문화의 영향을 받은 소국으로 삼국시대 이전에 있었던 부족국가였다고 한다.

아득한 옛날 장산 기슭 장자벌에 고씨 성을 가진 처녀가 홀어머니와 함께 토막집에서 살았다. 어느 여름날 갑자기 소나기가 내린 끝에 멀리 동쪽 하늘에 영롱한 무지개가 나타나더니 하늘에서 비단옷을 입은 선인이 나타나 무지개를 타고 곧장 고씨 처녀의 집 앞에 다가섰다. 선인이 물을 청하자 처녀는 물을 떠주며 부끄러운 얼굴을 감췄다. 처녀의 얼굴이 옥처럼 빛나며 아름답기 그지없어 선인은 사랑에 빠졌다. 둘은 마을 사람들의 축복을 받으며 혼인했고, 이 부부는 장자벌의 땅을 일구고 행복하게 살았는데, 이들 사이에 아들 10명과 딸 10명이 태어났다. 장성한 자녀들은 각자 새로운 성을 창성해서 스무 곳의 마을로 흩어져 마을을 다스렸으며 선인은 부족의 대족장이 되었다. 이른바 '고씨 할매 설화'이며 장산국 건국 설화이기도 하다.

지금도 마을 주민들은 마을 뒷산의 사당에서 매년 정월 보름날에 고당 할매 제사를 지내는데, 사람들이 바깥에서 식사를 할 때 밥을 한 숟갈 떠서 '고수레!' 라고 외치며 던지는 것도 이 고씨 할매에게 예를 올리는 '고씨례'(高氏禮)에서 유래되었다는 말도 있다.

장산국의 '장' 자는 거칠다는 뜻으로 장산국은 거칠산국이라고도 불렸는데, 이 나라가 신라에 귀속된 이야기는 삼국사기에도 수록되어 있다. 신라 탈해왕(57~79년) 때 이웃에 우시산국과 거칠산국이 있어 근심거리였는데, 당시에 거도(居道)라는 관리가 이 두 나라를 신라에 복속시킬 생각으로 해마다 들판에서 마초(馬椒)라는 행사를 했다. 병사들로 하여금 말을 타고 달리게 하는 것으로 일종의 놀이처럼 보이게 한 것이다. 우시산국과 거칠산국 사람들은 이것을 신라에서 의례적으로 하는 놀이로 생각하고 방심했고, 이 틈을 타 거도는 병마를 이끌고 두 나라를 쳐서 없앴다.

거의 2,000년 전 이야기이고 서양에서는 예수가 활동하던 때 혹은 그 직후의 이야기이다. 이런 이야기를 부산의 향토사학자들에게서 들으면 자부심이 절로 생겨난다.

장산에 얽힌 역사적인 이야기는 또 있다.

이 장산의 여러 봉우리들 가운데 하나가 그동안 '위봉'(胃峯)으로 불렸는데, 주민들은 이 봉우리를 '장군봉'이나 '투구봉'으로 불렀다. 이 봉우리는 특히 지세가 강해서 예로부터 이 지역에서는 장군이 많이 배출됐다고 한다. 그런데 어째서 밥통이란 뜻의 '위'(胃) 자가 봉우리 이름에 들어가 있을지 알 수 없는 노릇이었다. 그래서 2012년에 반여1동의 주민센터가 국립지리정보원에 질의했고, 그 결과 이 봉우리의 정확한 명칭이 '위봉'이 아니라 투구란 뜻의 '주'(冑)가 들어간 '주봉'임이 드러났다. 일제강점기 때 일본이 장산의 지세를 눌러 우리 민족의 기를 꺾으려고 봉우리의 이름을 투구에서 밥통으로 슬쩍 바꾸었다는 것이다.

이처럼 장산은 2,000년 전부터 일제강점기 및 그 이후의 역사가 생생하게 살아 있는 역사의 현장이다. 게다가 장산은 대략 7,000만 년 전에 화산 폭발로 만들어진 산이고, 그 이전까지 장산 일대는 각종 공룡들이 살던 분지였다. 그러다가 대략 2만 년 전부터 사람이 살기 시작했는데, 이때는 구석기 시대로 추정된다. 장산 기슭인 중동, 좌동, 청사포 곳곳에서 발굴되는 구석기시대 유적이 이런 사실을 뒷받침한다.

— 문화가 가장 경쟁력 있는 자산이다

해운대에 숱하게 널려 있는 이런 '스토리'들을 세련되게 포장함으로써 해운대가 가지고 있는 자산의 가치를 높이는 것, 이것을 활용해서 해운대의 경제적 가치와 효과를 증대시키는 것이 바로 컬처노믹스를 해운대구정에 실천하는 것 아니겠는가.

2007년 해운대구의 행정 패러다임은 '문화도시 해운대'였다. 문화야말로 가장 경쟁력이 있는 자산이라고 보았기 때문이다. 그해 3월에 문화회관을 개관하면서 이어령 전 문화부장관을 초대해서 강연을 들은 적이 있다. 강연회에서 이 전 장관은 "문화도시 하겠다는 데가 내가 알기로는 기초지자체 차원에서는 해운대구가 처음이다"라고 말씀하셨는데, 그 말을 듣는 순간 '아, 내가 제대로 가고 있구나' 하는 자신감이 생기기도 했다.

그해 해운대구는 '문화도시 해운대'라는 기치 아래 장차 해운대의 소중한 자산이 될 사업들을 추진하기 시작했다. 해운대의 문화유산 알리기, 우리 동네 명사 초청 강연회, 문텐로드 조성, 해운대 로고 제작, 해운대 역사 찾기, 독서 릴레이 등이 그런 사업들이었다.

은은하게 빛나는 보물창고, 해운대

해운대가 가진 것 중에서 맨 먼저 꼽을 수 있는 보물이 해운대 일출이다. 해운대해수욕장에서 바라보는 수평선에서 붉은 해가 솟아오르는 신비한 일출은 장관이다. 그래서 해마다 신년이면 해맞이 인파가 수십만 명씩 모여든다. 해운대에는 월출도 빼놓을 수 없다. 대한팔경의 하나로 꼽히는 정월대보름 해월정에서 맞는 해운대 월출은 예로부터 시인, 묵객의 발길이 끊이지 않았다.

굽이굽이 돌아가는 달맞이길은 15번 굽이진다고 해서 '십오굽이길'이라고도 불린다. 2013년 3월에는 미포에서 송정해수욕장 입구까지 이어지는 7.8킬로미터 거리의 이 달맞이길에 목재 데크가 설치되어 산책로 조성 작업이 완성되었다.

계절마다 색다른 모습으로 주민을 반기는 장산, 부산의 오랜 랜드마크였지만 APEC 행사를 계기로 세계적인 명소가 된 동백섬, 신라 시대 때부터 유명했던 해운대온천, 더 말할 필요도 없이 유명한 해운대해수욕장과 송정해수욕장, 그리고 최근 들어 해운대의 보물이 된 광안대교, 벡스코, 부산아쿠아리움 등 해운대는 보물 천지다.

해운대구는 여기에 해운대일출과 월출, 달맞이길과 요트경기장이 포함된 12가지 보물을 '해운대 12경'으로 선정해서 홍보하고 있다. 이런 멋진 자원을 활용하고 문화 인프라를 확충해서 문화와 산업이 함께하는 컬처노믹스를 실천하는 것이야말로 해운대구의 21세기 어젠다라고 할 수 있다.

자연 경관이 아름답고 하드웨어 인프라가 갖춰진 곳에 문화가 부흥하고, 문화가 부흥하는 곳에 사람이 모이고, 사람이 모이는 곳에 돈이 흐르고, 돈이 흐르면 일자리가 생기고 소득이 높아진다. 이 선순환의 과정을 엮어내는 것, 해운대의 아름다운 구슬들을 꿰어서 보물로 만드는 일이 필요하다.

전 세계에서 모여드는 관광객에게 우리의 독창적인 이야기와 문화로 좋은 인상을 심어준다면 해운대와 부산을 찾는 사람들은 더욱 많아질 것이고, 이 과정에 좋은 일자리도 많이 생길 것이고 주민들의 소득도 높아질 것이다. 처음 구청장으로 취임한 뒤에도 해운대구가 가진 가장 큰 강점은 천혜의 아름다운 자연과 여기에 얽힌 여러 가지 이야기들, 벡스코와 인근의 호텔 및 쇼핑몰이 가지고 있는 상업적 흡인력이라고 보았다.

이것을 어떻게 활용할 것인가?

운이 좋게도 나에게는 사업가적인 기질이 있었고, 구슬을 꿰는 안목이 있었으며, 그보다 더 중요하게는 여러 가지 분야에서 창의적으로 구슬을 꿰는 방안을 개발한 훌륭한 직원들이 있었다.

문탠로드, 달빛을 문화로 만들다

2007년 11월 26일자 〈조선일보〉에 게재된 '조용헌 살롱'의 제목이 "문탠"(Moontan)이었다. 여기에 이런 내용이 들어 있었다.

> 일음일양지위도(一陰一陽之謂道), 음이 있으면 양이 있다. 태양의 에너지가 신체적 기능에 영향을 미친다면 달의 에너지는 가슴부위, 즉 심리적인 영향력이 강해 크고 둥근 보름달을 많이 보면 농월(弄月)의 경지에 이르러 감성에너지가 회복된다.

이 부분을 읽는 순간 나는 무릎을 쳤다.

"이거다! 이것을 관광상품으로 만들자!"

당시에 나는 마침 그해의 트렌드로 부각되던 '컬처노믹스'에 푹 빠져 있던 터라서, 해운대의 달빛을 관광 상품화해 보자는 생각이 언뜻 떠올랐다.

달맞이언덕은 한때 높았던 인기를 뒤로 한 채 조용히 잊혀져가고 있었다. 신시가지 우회도로와 송정터널이 개통되면서 달맞이길을 통해 송정 및 기장으로 가던 차량들이 눈에 띄게 줄었고, 이국적인 분위기의 예쁜 레스토랑과 카페들이 즐비하던 지역 상권도 활기를 잃었다. 그랬기에 '달맞이언덕 활성화'라는 주제는 늘 내 머릿속에서 이리저리 굴러다니던 화두였다. 어떻게 하면 세상 사람들의 관심을 다시 달맞이길, 달맞이언덕으로 돌릴 수 있을까 고심하고 있던 터였기에 그만큼 반가움도 더했다.

곧바로 나는 임순애 공보팀장을 주축으로 해서 감성이 톡톡 튀는 젊은 직원들을 모아 일종의 태스크포스팀을 만들어 달빛을 관광상품화하는 계획을 세우라고 주문했다. 이렇게 만들어진 일명 '문탠팀'은 한 달여 동안 짬짬이 모여 달빛이 인간에 미치는 영향과 세계의 달빛 활용 사례를 정리하고, 달빛을 활용한 여러 이벤트를 고안했다. 이후 문탠팀이 입안한 여러 방안이 문화·축제팀에 전달되었고, 구체적인 계획 수립 과정을 거쳐 마침내 달빛을 받으며 걸을 수 있는 숲속 산책로가 '문탠로드'라는 이름의 구체적인 사업으로 진행되었다. 이렇게 해서 2008년 4월에 달맞이길 일부 및 그 아래의 숲길을 따라서 길쭉한 타원형 형태로 2.2킬로미터의 문탠로드가 탄생했다.

— 모두가 함께 만든 문탠로드

사실 이런저런 준비를 하려면 반드시 예산이 필요했다. 하지만 예산팀은 가뜩이나 허리띠를 졸라매야 하는 상황에서 그럴 여유가 없

문탠로드는 달맞이길 일부 및 그 아래의 숲길을 따라서 길쭉한 타원형 형태로 뻗은 2.2킬로미터의 산책로로 2008년 4월 탄생했다. 한때 높았던 인기를 뒤로 한 채 조용히 잊혀져가고 있던 달맞이길을 되살리고 달빛을 관광상품으로 만든 사례다.

다고 했다. 그래서 심리치료사, 미술치료사, 명상전문가 등과 접촉해서 재능기부를 부탁했다. 말이 재능기부지 공짜로 해달라는, 거의 억지나 다름없는 부탁이었지만 다행히 그분들이 좋은 취지에 동조해서 기꺼이 재능기부를 해주었다. 지역의 젊은 작가들은 직접 그린 그림을 가지고 산책에 나선 사람들의 심리상태를 분석하겠다고 했고, 달빛의 기운을 담은 다도(茶道) 시연을 자청한 사람도 있었다. 물론 예산이 없어서 산책로에 안전펜스 대신 붉은색 나일론 테이프를 쳤던 일은 지금 생각해도 낯부끄러운 기억이다.

그 후 보름달이 뜨는 날마다 문탠로드 행사를 했는데, 이상하게도 그때마다 늘 일기가 좋지 않았다. 그래서 한 달에 한 번씩 보름달이 뜰 날이 다가오면 마음이 조마조마해지는 병 아닌 병에 걸리기도 했다. 행사가 있을 때마다 전날 밤에 밤새 톱밥을 뿌려주었다. 혹시라도 비가 내려서 길이 미끄러우면 낙상을 할 수도 있었기 때문에 미리 예방하는 작업이었다.

아무튼 그렇게 한 번, 또 한 번 행사 횟수가 점차 늘어나자 입소문이 조금씩 나기 시작했고 행사에 참가하는 사람들도 점점 많아졌다. 그리고 2009년 연초에 부산시 시정설명회 자리에서 시장님께 건의를 한 뒤 2억 원의 시비를 지원받았다.

그 2억 원의 지원금으로 산책로에 펜스와 표지판을 설치하고 조명도 밝혔다. 처음에는 가로등 형식으로 생각했지만, 이 가로등이 주변 식생에도 좋지 않고 달빛 뿌려지는 한밤의 운치를 망칠 수 있다는 생각에 바닥조명 방식을 선택했다. 이 조명은 일몰부터 23시까지, 새벽 5시부터 일출까지만 켜지도록 되어 있었다. 숲에서 은은히 퍼져나오는 사스레피나무의 독특한 향은 살균 및 진정 효과가 있다고 했다. 문탠로드에 딱 맞는 효과다.

— 은은하고 부드러운 해운대의 밤

문탠로드 코스 가운데 해운대 월출을 가장 운치 있게 볼 수 있는 곳은 해월정이라는 정자다. 달 밝은 보름날에 여기서 사랑을 속삭이면 평생 그 사랑이 깨지지 않는다는 이야기가 있다. 달맞이언덕에 얽힌 전설 때문이다. 그 이야기를 잠시 소개할까 한다.

어느 봄날, 달맞이언덕 아래 청사포에 살던 어떤 처녀가 와우산에 나물 캐러 갔다가 길 잃은 송아지 한 마리를 발견했다. 해운대 쪽에 살던 양반집 도련님이 과거 공부를 하다가 꾀를 내어 종을 따라서 송아지 풀 먹이러 와우산에 갔다가 노는 데 정신이 팔려서 그만 잃어버렸던 송아지였다. 이렇게 해서 두 사람은 만났고, 사랑에 빠졌다. 그러나 도련님은 과거 공부를 해야 했던 터, 정월대보름달이 뜰 때 지금의 해월정이 있는 고개에서 다시 만나자고 두 사람은 약속했다. 그 후 도련님은 장원급제를 했고, 약속한 정월대보름날에 두 사람은 해월정에서 재회해 보름달을 바라보며 사랑이 영원하기를 빌었다.

2008년 4월 19일 토요일 오후 5시, 해운대해수욕장에 500명이 넘는 사람들이 모였다. 해운대구청에서 처음 개최하는 문탠로드 걷기 행사에 참가하려는 사람들이었다. 넓은 바다가 펼쳐진 해안을 끼고 15분 정도를 걸어가면 또 다른 느낌의 호젓한 숲길 문탠로드가 있다는 것을 보여주고, 역동적인 느낌의 해운대해수욕장과 대비되는 차분하고 고요한 문탠로드의 느낌을 잘 전달하기 위해 걷기 코스의 출발점을 일부러 해운대해수욕장으로 선택했다. 뜨거운 원색의 태양이

해운대 월출을 가장 운치 있게 볼 수 있는 해월정. 달 밝은 보름날에 여기서 사랑을 속삭이면 평생 그 사랑이 깨어지지 않는다는 이야기가 있다. 문탠로드 코스 중에서도 백미로 꼽힌다.

해운대의 낮이라면, 은근하고 부드러운 달빛이 해운대의 밤임을 알리고 싶었다. 행사가 시작되자 30명 정도씩 무리를 지어서 차례대로 출발했다. 명상 트레이너가 같이 걸으며 땅의 기운을 느끼며 걷는 법을 선보였다. 해변을 벗어나 문탠로드로 진입하는 구간 곳곳에는 젊은 신예작가들의 그림과 조각품들이 거리 미술관을 만들어주었다.

드디어 문탠로드 숲길로 진입. 곧이어 나타나는 바다전망대, 숲속에서 바라다보는 바다풍경과 출렁이는 파도소리가 기묘한 느낌 속에서 몸과 마음을 평온하게 해준다. 그렇게 한참을 좁은 숲길을 걸으면 제법 널찍한 광장이 나온다. 여기에서는 기체조를 하며 달의 기운을 한껏 받아들인다. 이어서 작은 나무다리를 지나면 '어울마당'이 나타난다. 반달 모양의 지붕을 얹은 소박한 무대가 있고, 층층이 깎은 잔디계단으로 둘러싸인 야외공연장이다. 여기에서 45인조 오케스트라가 연주하는 "그리운 금강산", "축배의 노래", "문리버" 등 아름다운 선율이 편안함을 선물한다. 달빛음악회를 마치고 큰 길을 따라 내려오는 길에서는 다소미공원 앞에서 단아한 한복차림의 다도회원들이 건네주는 달빛차 한 잔을 마신다.

첫 번째 문탠로드 걷기행사가 좋은 반응을 얻은 뒤 한 달에 한 번씩 보름달이 뜰 때마다 이어진 행사는 언젠가부터 해운대의 유명한 행사가 되었고, 덕분에 지금 달맞이언덕은 해월정에 얽힌 전설처럼 연인들이 다시 즐겨 찾는 최고의 낭만 데이트코스가 되었다. 우리나라에서 유명한 카페 및 레스토랑 브랜드는 거의 다 들어와 있을 정도다. 이것만 보더라도 길이 2.2킬로미터의 문탠로드가 유발한 경제효과가 얼마나 대단한지 짐작할 수 있을 것이다.

'문탠로드'는 해운대와 송정 및 동부산 관광권을 잇는 매력적인 관광벨트로 다시 태어날 차비를 하고 있다. 2011년 3월에는 문탠로드를 산업재산권 상표등록 업무표장을 했다. 제주도 올레길이 알려지면서 자치단체별로 특색 있는 산책길을 개발하려고 노력하는데, 달맞이길을 재해석한 '문탠로드'라는 명칭이 무분별하게 모방되면 우리가 설정한 브랜드의 의미가 퇴색하고 오랫동안 쌓아올린 문화자산의 가치가 훼손될지 모른다는 우려 때문에서였다. 이런 '속상한' 역사가 해운대에는 있기 때문이다. '기장미역'이라는 브랜드와 관련된 이야기다.

기장미역에 얽힌 슬픈 기억

기장미역은 예로부터 명품 미역으로 유명하다. 쫀득쫀득 씹는 맛이 좋아서 쫄쫄이미역이라고 부른다. 다른 지역과 달리 해류가 세서 옆 날개가 크지 못하고 대신 가운데 기둥이 단단하다. 그래서 미역을 생으로 초무침해서 먹으면 쫀득쫀득한 맛이 일품이다.

이 미역의 산지가 예전에는 경남 동래군 기장면 송정리였기 때문에 면 이름을 따서 기장미역으로 불렸다. 그런데 1963년 송정만 부산시 해운대구에 편입되면서 이른바 족보가 꼬이기 시작했다. 나중에 기장면이 기장군으로 부산시에 편입되면서 쫄쫄이미역의 원조 싸움이 부산시 내에서 시작된 것이다.

송정 어민들은 생미역을 건조해서 예컨대 20개 한 손을 5,000원에 기장에 있는 업체에 팔면 이 업체는 이것을 포장한 다음 '기장미역'이라는 브랜드를 붙여서 2만 원에 팔았으니, 어민들로서나 이 어민들을 관내 주민으로 두고 있는 해운대구로서는 속이 상할 노릇이었다.

그래서 해운대구는 송정산 진짜 쫄쫄이 미역을 브랜드화하기로 하고 2010년 1월에 해운대구의 슬로건인 '썬앤펀' 로고를 붙인 미역을 출시하기로 했다. 이웃 기장군에서 심기가 불편할 수밖에 없었다. 하지만 기장군으로서는 그다지 걱정하지 않아도 되었다. '기장미역'이라는 브랜드 파워가 워낙 강력하다 보니 '썬앤펀미역'은 상대가 되지 않았다. 브랜드를 선점당하고 또 그 브랜드가 워낙 커지다 보니 원조 싸움은 그야말로 시시하게 끝나버렸다.

사실 이 싸움을 반전시킬 수 있는 계기가 1997년에 한 번 있었다. 해운대구가 당시 물미역으로 유통되는 것을 부가가치가 높은 마른 미역으로 바꿔 출하하는 '송정미역' 브랜드 만들기 계획을 세웠던 것이다. 그러나 어민들을 대상으로 실시한 설문조사 결과 송정어촌계 어민 대부분이 마른미역으로 출하하면 자금유통이 늦어지고 또 건조장 마련이 어렵다는 이유를 들어 부정적인 반응을 보였다. 또한 구청이 포장비 지원과 다른 지역의 지역특산품 비교조사를 위한 예산을 신청했으나 기장미역으로 알려진 송정미역을 굳이 해운대구만의 특산품으로 육성할 필요가 없다는 구의회의 반대에 부딪히면서 이 사업은 추진되지 못했다. 브랜드의 가치를 미처 알지 못했기에, 그리고 미래의 수요를 예측하지 못했기에 그런 어리석은 판단을 하고 말았던 것이다.

해운대에는 현지에서 생산되는 선물용 특산품이 없다. 그래서 더욱 안타깝고 억울하다는 생각이 든다. 이 일을 통해 브랜드의 가치와 위력이 대단히 중요하다는 것을 절실히 깨달았다. 이런 기억이 있었기에 '문텐로드'라는 브랜드, 뒤에 소개할 '해운대 모래축제'라는 브랜드를 정식 상표로 등록해서 고유의 권한을 지키고자 했다.

청사포의 전설과 삼포걷기

옛날 청사포 마을에 정씨 부부가 살았는데, 금슬이 얼마나 좋았던지 남편이 고기를 잡으러 나가면 아내는 바다가 내려다보이는 바위에 앉아 남편이 올 때까지 기다렸다가 함께 집으로 돌아오곤 했다. 하루는 아무리 기다려도 남편이 돌아오지 않았다. 아내는 몇 년을 그렇게 기다리고 또 기다렸다. 그러던 어느 날 거대한 푸른 뱀이 바다를 가르고 나타나서 아내를 데리고 물속으로 들어가 남편과 만나게 했다. 아내의 애틋한 사랑에 감동한 용왕이 두 사람이 만나서 용궁에서 행복하게 살게 해준 것이다.

이 전설이 유래가 되어 이곳의 지명이 뱀 사(蛇)가 들어간 청사포(青蛇浦)였다가 그 뒤에 뱀을 모래로 바꾸어 지금의 청사포(青沙浦)가 되었다고 한다.

청사포에는 또 다른 전설도 있다. 미포 쪽으로 마을의 끝자락에 300년 된 소나무가 한 그루 있는데, 그 소나무 앞에 골매기 김씨 할머니 당산이 있다. 이 소나무는 날마다 망부석에 올라가서 남편을 기다리던 김씨 부인이 심었는데, 남편을 그리워하던 부인이 망부석 위에서 죽자 마을사람들이 그 애틋한 마음을 높이 사서 마을을 수호하는 골매기할매로 신격화시켰다고 한다. 그래서 그 늙은 소나무를 남편을 잊지 못한다는 뜻으로 망부송이라 부르기도 한단다.

이 작은 마을에 있는 이 소중한 '스토리'들이 그냥 묵혀진다면 돼지 목에 걸린 진주목걸이 격이다. 우리는 이 진주목걸이를 반짝반짝 윤이 나도록 닦아서 미인의 목에 걸어야 한다. 그것이 바로 컬처노믹스를 실천하는 길이다.

— 부산판 삼포 가는 길

해운대해수욕장에서 바다를 바라볼 때 해수욕장 왼쪽 끝에 툭 튀어나온 언덕이 있다. 거기가 바로 미포라는 포구다. 이는 달맞이언덕이 있는 와우산의 꼬리에 자리를 잡은 포구라는 뜻이다. 이 미포에서 해안가를 따라 계속 가면 청사포가 나오고, 또 계속 가면 구덕포가 나오고 이어서 송정해수욕장이 나온다. 그러니까 이 세 개의 포구는 동해안 최남단의 삼형제 포구인 셈이다. 이 세 개의 포구를 통칭해서 삼포라고 부른다.

이 삼포를 걷는 것을 행사로 만든 것이 바로 삼포걷기다. 문탠로드만으로는 트래킹을 하기가 짧아 구간을 더 늘려서 해운대해수욕장, 미포, 문탠로드를 거쳐 청사포와 구덕포를 끝으로 송정해수욕장까지 가는 약 8킬로미터의 코스로 잡았고, 돌아올 때는 송정역에서 동해남부선으로 해운대역까지 추억의 기차여행까지 할 수 있도록 꾸

미포는 달맞이언덕이 있는 와우산의 꼬리에 자리 잡은 포구라는 뜻이다. 미포를 포함해 청사포와 구덕포를 삼포라 통칭한다. 멀리 바다 한가운데 조그맣게 보이는 섬이 부산을 상징하는 오륙도다.

몄다. 특히 송정역은 1940년대의 전형적인 건축물이며, 근대화의 물결에 따라 교통수단이 바뀌면서 생겨난 역사라 건축사적으로도 가치가 크다. 이 역사가 2006년 12월에 등록문화재로 지정되었기에 실무자들이 삼포걷기행사에 중요한 소재로 포함시켰고, 돌아오는 길도 기차여행 프로그램으로 꾸며진 것이었다.

그리고 이 구간 가운데 해월정 정남 방향의 문탠로드 지점과 송정역에 문화해설사를 한 명씩 배치해서 참가자에게 해설을 하게 했다. 이 해설사는 6개월 교육을 거친 뒤에 배치했는데 일자리창출 팀과 연계해 일자리창출 사업의 일환으로 나온 아이디어였다. 굳이 해월정 정남 방향에 있는 문탠로드에 문화해설사를 배치한 것은, 바로 이 지점의 바다가 동해와 남해의 경계선이기 때문이다.

2008년 11월에 처음 시작한 삼포걷기행사는 이후 부산일보와 함께 해마다 벚꽃이 만개하는 4월에 진행된다. 9월에는 가을 문탠로드 걷기 이벤트가 열리고 수시로 명사들을 초청하는 행사를 한다. 예컨대 2012년 1월에는 산악인 엄홍길과 '해운대를 빛낸 보통사람들'을 초청해서 함께 걸었던 것을 꼽을 수 있겠다.

어떤 기자는 삼포로 이어지는 이 아름다운 길을 부산판 '삼포 가는 길'이라고 부르면서 이렇게 적었다.

> 부산이 마음의 빗금처럼 품은 절묘한 삼박자의 포구는 손으로 튕기면 도레미 음을 쏟아낼 듯 아름답다. 부산판 '삼포 가는 길'은 마음의 고향으로 가는 길을 아련하게 그려낸 황석영의 단편소설 '삼포 가는 길'의 정취, 그 이상이다.

삼포걷기행사를 통해서 미포와 청사포 그리고 구덕포가 해운대의 아름다운 보물로 꿰이고 또 이 보물들의 가치가 더 높아지면 좋겠다. 또한 동해남부선 복선화 이후 폐철도 부지가 문화 공간으로 바뀐다면 해운대구의 문화자산 가치도 한층 더 높아질 것으로 기대한다.

발길이 끊이지 않는 도시 만들기

● 장산에는 삼한시대 장산국의 흔적이 산재해 있다. 장산 중턱에 자리한 천제단과 마고당(부산시 민속자료 제6호)은 장산 산신제를 지내던 곳이다. 제단 위에 세워진 3개의 입석은 우리 민족 전통사상인 천·지·인을 뜻한다는 견해도 있다. 우리 민족의 역사와 철학, 지혜가 함께 녹아 있는 문화유산이다.

> 장산국을 다스리던 여왕 고아진은 이웃나라 신라로부터 침략 위기에 놓였다. 고아진은 신라를 지지하는 박탄과 가야를 지지하는 허굉, 자신을 흠모하는 장수 최윤후 사이에서 갈등을 빚다가장수 최윤후를 살리기 위해 신라왕 탈해와 결혼을 하지만 탈해는 최윤후를 죽이고 만다. 이 사실을 안 고아진도 목숨을 끊으면서 두 사람의 사랑은 비극으로 끝나고, 마침내 장산국의 역사도 끝이 난다.

해운대구가 기획하고 연출하고 제작한 오페라 "해운대 – 장산국 이야기"의 줄거리다. 이 오페라는 2013년 9월 해운대문화회관 무대에 올라 갈채를 받았다. 국내 기초단체가 오페라를 창작한 것은 해운대구가 처음이다.

이 행사는 해운대가 자랑할 만한 자연 자산인 장산과 장산에 얽힌 장산국의 설화를 높은 가치를 지닌 문화자산으로 가꾸기 위한 것이었다. 이 오페라를 준비하고 공연한 스태프와 배우 등 80여 명은 모두 해운대구 주민이거나 적어도 부산 사람들이었다. 그랬기에 이런 취지에 동의한 사람들이 적극적으로 재능을 기부했으며 1년 가까이 준비했음에도 예산은 1억 원밖에 들지 않았다. 돈을 적게 썼다는 데 초점을 맞추기보다는 이렇게 적은 돈밖에 지출할 여유가 없었음에도 훌륭한 작품을 만들어냈다는 데 초점을 맞춰야 한다.

이 공연을 보고 감동한 한 관객이 해운대문화회관 홈페이지에 남긴 감상평은 많은 것을 이야기해준다.

> 공연은 처음 시작부터 눈과 귀와 마음을 사로잡기 시작했다. 흥미진진한 줄거리에 현대음악과 클래식음악이 조화를 이루고, 물 흐르듯 자연스럽게 진행되는 무대연출은 내로라하는 뮤지컬은 저리 가라였다. (…) 부산을 대표하는 성악가들의 음악적 기량이 정말 세계적이다. 자랑스럽고 행복하다. 이탈리아에서 베르디나 푸치니 오페라를 자막 없이 감상하는 현지인들처럼 아주 편안하고 재밌

게 감상했다. 전 세계인들이 해운대에서 바다와 함께 이 오페라를 보고 싶어 몰려올 수 있을 것도 같다. 꼭 다시 보고 싶다!

오페라 "해운대"는 단발성 이벤트가 아니다. 상설 공연이 될 수 있도록 재구성함으로써 부산 해운대를 찾은 국내외 관광객이라면 꼭 봐야 할 문화콘텐츠가 되기를 바란다. 이 오페라에 이어 공연되는 창작 발레 '해운대 연가'도 해운대의 문화 자산으로 자리 잡도록 만들고, 오페라 '해운대'를 연극, 뮤지컬 등으로 각색하여 다양한 계층의 관객을 확보할 수 있어야 한다. 해운대에 무궁무진하게 널려 있는 '스토리'들을 이렇게 하나씩 꿰어서 보배로 만드는 것이다.

동백섬과 '해운대', 그리고 최치원

해운대해수욕장 호안도로에 노래비가 하나 서 있다.

꽃 피는 동백섬에 봄이 왔건만
형제 떠난 부산항에 갈매기만 슬피 우네(…)

가수 조용필의 이 노래로 동백섬은 더욱 유명해졌다. 해운대해수욕장 남쪽 끝에 있는 동백섬은 원래 섬이었지만 바다를 메워서 지금

신라 개혁의 뜻을 이루지 못한 최치원은 전국을 돌아다니며 풍류 생활을 시작했다. 그러다 지금의 동백섬 등대광장 남단을 지나다 경관이 너무도 아름다워 발걸음을 멈추고 바위에 자신의 자인 해운(海雲)을 따서 '해운대'(海雲臺)라는 글자를 새겼다.

은 육지와 연결되어 있다. 동백섬 정상 부근에는 당나라 말기에 일어난 황소의 난 때 그 유명한 〈토황소격문〉(討黃巢檄文)을 써서 반란군의 우두머리인 황소를 두려움에 떨게 만들었던 최치원 선생의 동상과 비가 세워져 있다.

당나라에서 돌아온 최치원은 신라를 개혁하기 위해 〈시무십여조〉(時務十餘條)를 진성여왕에게 올렸지만 진골 세력의 반발로 뜻을 이루지 못했다. 그 뒤 전국의 명산대천을 돌며 풍류 생활을 시작했는데, 지금의 해운대 동백섬 등대광장 남단을 지나다 경관이 너무도 아름다워 발걸음을 멈추고 바위에 자신의 자(字)인 해운(海雲)을 따서 '해운대'(海雲臺)라는 글자를 새겼다. 이렇게 해운대가 탄생했다. 이처럼 해운대의 뿌리는 최치원 선생에게 있는 셈인데, 그렇다면 해운대구를 세계적인 도시로 만들려면 최치원 선생과 관련된 사업을 빼놓을 수 없었다.

2007년 '문화도시 해운대' 사업 가운데 하나가 해운대라는 지명을 낳게 한 최치원 선생을 해운대구의 문화자산으로 만드는 작업이었다. 당시 중국 양주시 유양구에서는 거대한 규모로 최치원 기념관이 건립되고 있었는데, 해운대구가 양주시와 문화관광교류협정을 체결하고 유양구와 자매결연을 맺은 것이다.

이 과정에서 우리 구는 이 기념관에 최치원 동상을 기증하고, 양주시로부터는 해운대해수욕장 풍경을 수놓은 대형 액자를 받았다. 이른바 '최치원 사업'은 해운대구의 문화자산 가치를 드높이는 컬처노믹스 사업의 장대한 밑그림 중 한 부분이었다.

해수욕장의 회전율을 높여라, 모래축제

2004년 5월, APEC 정상회의라는 국제적인 행사가 해운대구에서 열리기로 결정되었다. 해운대구로서는 구의 브랜드 가치를 높일 수 있을 뿐만 아니라 여러 측면에서 절호의 기회였다.

나는 APEC 정상회의 개최와 관련해 해운대해수욕장을 가장 잘 활용할 수 있는 방안이 무엇일지 고민했다. 내외국인을 막론하고 해운대 하면 해운대해수욕장이라 할 만큼 해운대해수욕장은 해운대구의 자부심이었다.

가장 먼저 눈에 들어온 것은 해운대해수욕장이 기껏 여름 해수욕 한 철밖에 활용되고 있지 않다는 사실이었다. 하다못해 작은 분식집에서도 사장은 점심시간마다 한 테이블에 몇 손님을 회전시켜야 할지 고민하는데, 이렇게 훌륭한 자산을 1년 12개월 중 겨우 두어 달밖에 활용하지 못하다니…. 어떻게든 해운대해수욕장이라는 테이블의 회전수를 늘리고 싶었다.

그래서 생각해낸 게 여름 해수욕시즌 직전에 여는 모래축제였다. APEC 홍보를 겸하는 모래축제라면 충분히 호응을 얻을 수 있을 테고, 해운대해수욕장의 브랜드 가치도 국내외적으로 높일 수 있겠다는 계산이 섰다. 그때까지만 해도 해운대의 명성에 걸맞지 않게 해운대를 대표하는 문화상품이 없었고, 이것이 나로서는 다소 의외였다. 그래서 모래축제를 잘만 치르면 해운대만의 명물 축제가 될 수 있겠다고 믿었다.

하지만 이번에도 예산이 문제였다. 실제로 확보된 예산은 5,000만 원이 전부였다. 이 예산으로 매력적인 축제 프로그램을 마련하기는 무리였다. 그래서 생각해낸 것이 해수욕장을 끼고 있는 호텔 및 관광업체와 공동으로 축제를 준비하는 것이었다. 어차피 축제를 열어 사람들이 모여들면 이 사람들이 당신들의 매출을 올려줄 것 아니냐고 설득했고, 이 설득이 먹혀들었다. 이렇게 해서 여러 호텔과 관광업체들이 모래조각, 비치사커, 비치발리볼 등의 축제 프로그램을 하나씩 떠맡겠다는 약속을 받아냈다. 모래축제를 알리는 거리의 배너도 상가의 상인들에게서 협찬을 받았다.

기대 반 근심 반으로 모래축제가 마침내 시작되었지만 결과는 놀라운 성공이었다. 전국적으로 1,200개가 넘는 축제가 지역에서 열리고 있지만 해운대 모래축제는 모래를 소재로 한 국내 유일 친환경 체험축제라는 호평을 받으며 첫 단추를 성공적으로 꿰었다.

— 모래축제는 더 재밌게 진화한다

이런 호평을 받으며 해가 갈수록 모래축제는 진화를 거듭했다. 백사장에서 하는 축구나 마라톤 경기에 그야말로 선수급 전문인들만 참가할 뿐 일반인은 구경꾼으로 전락해서 축제의 열기와 참가의 재미를 제대로 느끼지 못한다는 사실을 발견하고, 체험 및 참여 위주로 축제의 성격을 바꾸어나갔다.

그 결과 불과 개최 4년째이던 2008년에 해운대 모래축제는 정부 육성 문화관광축제로 선정되었다. 축제 고유의 기능인 재미와 대중적 관심 유발은 물론, 백사장 복원에 대한 사회적 인식을 환기시키는 등 친환경축제로서의 사회적 기여도를 높이 인정받았기 때문이다. 게다가 지역경제 활성화 측면에서도 관광 비수기인 6월에 개최

해운대 모래축제는 축제 고유의 기능인 재미와 대중적 관심 유발은 물론, 백사장 복원에 대한 사회적 인식을 환기시키는 등 친환경축제로서의 사회적 기여도를 높이 인정받았다. 비수기인 6월에 개최되지만 3년차에 이미 관람객 100만 명을 돌파했다.

되어 개최 3년차에 이미 관람객 100만 명을 돌파했다. 지역 내 총소비유발액이 260여억 원, 지역경제 파급효과 60억 원에 이르는 등 해운대 관광객 유치에도 상당한 기여를 했다는 점, 축제 일부 프로그램에 지역 특급호텔 등 민간업체가 기획하고 참여하는 민간주도형 축제로 지역화합 측면에서도 기여도를 높이 평가받았다.

2008년 제3회 모래축제 때 가장 인상적이었던 프로그램은 전 세계 유명 해수욕장의 모래를 합치는 합사식이었다. 개막식 때 전 세계 약 30군데의 모래를 합치는 프로그램이었다. 직원들이 나서서 알

음알음으로 지인이나 대사관을 통해서 전 세계의 유명 해수욕장 모래를 한 자루씩 수집해서 마련한 프로그램으로, 그 합사식은 해운대 해수욕장의 위상을 높이겠다는 다짐의 약속이었다.

2009년 제4회 모래축제부터는 축제의 시각적인 효과를 높이려고 국내 모래조각가 외에도 세계모래조각대회에서 우승한 외국 작가를 초대해서 환상적인 모래조각의 세계를 보여주었으며, 모래조각전에 일반인 참가도 확대시켰다.

처음 외국작가를 초청할 당시에는 세계적으로도 모래작가 층이 두텁지 않을 뿐 아니라 모래의 질이나 상태에 따라 기교가 달라지기 때문에 해운대 모래 질에 맞는 작품을 만들 수 있는 작가를 섭외하기가 여간 어렵지 않았다. 작가들이 하는 말에 따르면 해운대해수욕장의 모래는 조개나 돌멩이가 미세하게 부서진 것으로 입자가 크고 사람 몸에 잘 붙지 않아 피서를 즐기기엔 좋지만 점성이 약해서 모래조각을 하기에는 힘들다는 것이었다. 그랬기에 외국작가를 초대할 때는 해운대해수욕장의 모래를 외국에 있는 작가에게 보내서 과연 우리 모래로 작업을 할 수 있을지 확인을 받아야 했다.

해운대 모래축제는 2009년 문화체육관광부 예비축제로 선정된 데 이어 2011년 유망축제로 지정돼 개최 6년 만에 전국 대표적인 축제와 어깨를 나란히 했다. 2012년의 제8회 해운대 모래축제는 145만 명의 관람객을 동원했으며 지역 경제에 미친 파급효과는 약 497억 원이었던 것으로 나타났다. 이만하면 해운대해수욕장이라는 테이블의 회

전수를 확실히 늘리는 데 성공한 셈이다. 비즈니스 마인드의 승리라고 할 수 있다.

한편 해운대구는 문탠로드의 경우와 마찬가지로 '해운대 모래축제' 상표등록을 추진하는 중이다. 최근 경남 진주시와 서울시 간 벌어지고 있는 유등축제 표절 시비와 같은 지적재산권 갈등을 사전에 차단하고, 해운대 모래축제 고유의 브랜드 가치를 해운대구의 문화자산으로 가꿔나가기 위해서다.

해운대해수욕장 모래 복원사업

2006년 민선 4기 구청장으로 재선에 성공하자마자 나는 40년 만에 처음으로 해운대해수욕장의 경제적 가치를 계량화해봤다. 그 가치는 무려 1조 4,000억 원이나 되었다. 그런데 이 엄청난 가치를 지닌 해운대해수욕장이 점점 소멸되고 있었다. 1940년대만 하더라도 70미터였던 폭이 40미터 이하로 줄어들었고 백사장의 경사도 훨씬 가팔라진 것이다.

해운대구는 모래유실방지를 위해 많은 노력을 해왔다. 1990년과 1991년에는 먼 바다에서 모래를 해안으로 이동시키는 샌드 펌핑(sand pumping)을 했고, 1992년부터 지금까지 해마다 타지에서 모래를 가져와 해운대해수욕장 백사장과 바다에 살포해왔다. 울퉁불퉁한 바닥의 요철을 평탄화해 모래가 더 빠져나가는 것을 막기 위해서다. 매년 4,000~5,000세제곱미터의 모래를 살포하는 데 약 3,000만 원 정도의 비용이 지출되었다. 그러나 이것은 단지 해수욕 철을 맞아 해수욕객의 안전을 위해 해저협곡을 부분적으로 조금 메우는 것에 불과했다.

다행히 우리 구의 노력과 전국 최고의 명성을 자랑하는 해운대해수욕장의 모래가 사라지는 것을 안타까워하던 몇몇 언론이 다큐멘터리를 제작 방영하는 등 백사장 복원에 대한 필요성을 일깨워주었다. 나 역시 '사라진 모래'에 대해 시리즈로 방영된 영상물을 구입해서 몇 번이나 보고 공부를 했다. 해운대의 난제 중의 하나인 이 사업을 완성하려면 기본적으로 관련된 현상들과 용어들을 이해하고 있어야 했기 때문이다.

이렇게 해운대구 내외에서 발생한 분위기의 여파로 결국 부산시와 해양수산부가 2009년 12월 준공을 목표로 '해운대해수욕장 연안정비사업'을 지원하게 되었다. 2005년부터 1년 동안 수리모형실험, 파랑·해빈단면 변화, 모래 포집망 설치 등에 의한 타당성 조사를 거쳐, 친환경적이고 항구적인 '복원계획안'을 세웠다. 단계별로 실시되는 이 사업은 1~3년차까지 모래를 인공적으로 공급하는 양빈작업으로 62만 세제곱미터를 투입하여 현재 백사장 폭 40미터를 70미터로 넓힌다. 또 모래유실과 어항 훼손을 막기 위해 웨스턴조선호텔 앞과 미포 2개소에 돌제(육지에서 강이나 바다로 길게 뻗쳐 나오게 만든 둑)를 각 100미터가량 설치하고 파도의 힘을 약하게 하는 잠제(물속에 설치한 수중 방파제)를 200미터 설치한다. 이렇게 해서 백사장이 70미터 이상 확보되면 방파제나 방해물로부터 침식의 영향을 덜 받아 유실을 막을 수 있기 때문이다.

하지만 이런 기술적인 문제보다 더 큰 문제는 예산이었다. 처음 해양수산부에서 계획했던 사업비는 불과 198억 원이었다. 그러나 용역 결과 소요예산이 492억 원이 나왔다. 해운대해수욕장의 모래가 사라져버린다면 어떤 결과가 나올까? 해운대라는 명성은 해수욕장으로부터 나왔다. 우리나라 해수욕장의 대명사격인 해운대해수욕장이 제 이름값을 할 수 없다면 해운대구가 세계일류도시로 가는 길은 험난할 것이며 우리나라도 세계적으로 유명한 관광지를 하나 잃는 것이 된다.

용역결과가 나온 이후로 나는 직접 해양수산부를 몇 차례 방문했다. 처음에는 1년 예산에 버금가는 금액을 지원해달라는 것에 난색을 표했다. 그래서 한해 1,000만 명이 넘는 피서객들이 찾고 있고, 국내 해수욕장을 대표하는 해운대해수욕장의 복원사업은 시단위의 사업이 아닌 국가사업으로 지원되어야 한다는 것을 설득하기 위해 해운대구의 간부들까지 나서서 해양수산부를 몇 차례 방문했다. 역대 해양수산부 장관, 국토해양부 장관에게도 찾아가 끈질기게 복원을 설득했고 서울에 출장을 갈 때마다 한 번이라도 더 방문해서 '해운대'를 잊어버리지 않도록 애를 썼다. 나중에는 해양수산부에서 정 복원을 하고 싶다면 국비와 시비를 50대 50으로 투입하는 것이 어떠냐고 제안했다. 그런데 부산시가 한 지역에 단일 사업비로 투입할 그만한 돈이 어디 있겠는가? 그래서 무조건 100% 국비로 해달라고 계속 떼를 썼다.

2008년 1월에는 김성진 해수부 장관을 만나 해운대해수욕장 복원의 필요성은 단지 연안정비 차원이 아니고 세계적인 관광지를 새로 조성한다는 의무감에서 시작해야 된다고 역설했다. 장관께서도 "나도 고향이 부산인데 모래사장 복원에는 전적으로 찬성하나 요는 예산문제"라며 난감한 표정을 지었다.

그런 와중에 나는 정부나 부산시 차원의 예산확보가 안되면 복원 국민운동을 통해서라도 옛 모습을 되찾겠다는 강한 의지를 가졌다. 그래서 2008년에는 시민 1명당 1,000원씩 거둬 백사장을 복원하는 '해운대 샌드 트러스트 운동'을 시도했다. 모금운동을 통해 시민 지지를 얻어 정부 지원을 이끌어낸다는 것이 나의 전략이었지만 정부에서는 이 또한 "지방선거를 앞두고 기부금품 모집은 안 된다"는 입장을 표명했다.

— 8년간의 기나긴 여정

다시 4년을 국토해양부 장관, 국회의원을 찾아다니면서 "연간 1,500만 명이 찾을 만큼 해운대해수욕장은 국민적 자산으로 다른 해수욕장과 차별성이 있다"고 끈질기게 설득했다. 나는 김성진 장관을 설득하고 그래도 안심할 수 없어 다시 정종택 장관을 면담하여 호소하였고 최종적으로 2012년 1월 권도엽 장관에게 약속을 받아냈다.

이렇게 무수한 발품을 팔아 마침내 2012년 해수욕장 정비사업이 국가사업으로 선정되어 정부지원을 받게 되었다. 8년간의 기나긴 여정이 빛을 보게 된 순간이었다. 모두가 어렵다, 안 된다는 사업을 오직 뚝심 하나로 설득해 이루어낸 것이다. 그리고 마침내 기다리고 기다렸던 소식이 들려왔다. 500억 원에 달하는 예산이 소요되는 이 사업의 종자돈 10억 원이 확보되었다는 것이다. 우리는 만세를 불렀다. '백사장 없는 해수욕장, 해수욕장 없는 해운대'를 생각할 수 없지만 정부예산을 따기는 이렇듯 너무 어려웠다.

후일담이지만 참여정부 때 해양수산부 장관을 지낸 분이 부산대 특강에서 "어느 날 해운대구청장이 장관실에 찾아와 해수욕장 모래 복원 예산 500억을 달라고 해서 기가 차더라"고 말했단다. 그렇게 기가 찰 정도로 온 힘을 다해서 이 일을 추진했던 것이다.

해운대해수욕장 모래복원사업은 2013년 11월 15일 착공되었다. 우선 올해 15톤 트럭 2만 대 분량인 모래 19만 세제곱미터를 쏟아부을 계획이고, 2015년까지 국비 484억과 시비 8억 원을 들여 모래 62만 세제곱미터를 투입하는 대규모 공사가 진행된다. 오늘도 부산에서 가장 가고 싶어 하는 곳 1위인 '해운대해수욕장'이 폭 70미터에 면적 8만 9,000제곱미터였던 1947년의 상태로 다시 우리에게 돌아올 날을 기대하면서 햇볕에 반짝반짝 빛나는 은빛 물결을 바라보면서 어려웠던 날들을 회상해 본다.

일자리 창출도 비즈니스 마인드로

● 아프리카에 우물을 파주는 사업이 봉사활동의 일환으로 진행된다고 들었다. 동시에 이렇게 파준 우물이 시간이 지나서 훼손되면 소유 주체도 불분명하고 개선·보수에 들어가는 비용을 감당하지 못해서 방치되다가 결국은 못 쓰게 된다는 소리도 들었다. 이런 일회성 봉사는 지속적인 도움이 되지 못한다.

그러다 페달펌프 사업이라는 색다른 사업 이야기를 들었다. 방글라데시의 가난한 농부들이 지하의 물을 끌어올려서 농업용수로 쓸 수 있도록 하는 펌프를 파는데, 이 펌프가 엄청나게 싸다고 한다. 하루 1달러 이하의 돈으로 살아가는 가난한 농부들이 할부로 사서 농사에 이용하면, 이 펌프를 사용하지 않을 때보다 더 많이 생산된 농작물을 시장에 내다팔아 할부금을 충분히 갚고도 남는다는 것이다. 그래서 이 페달펌프는 수백만 대가 팔렸고 앞으로도 계속 팔려나갈 것이라고 한다. 이럴 경우 농민의 소득이 높아질 뿐만 아니라 새로운 일자리도 창출된다. 페달펌프를 조립해서 완성품으로 만드는 사람이 필요하고 이 페달펌프를 팔러 다니는 사람이 필요하기 때문이다. 일방적인 시혜가 아니라 비즈니스 차원으로 접근할 경우, 제조업체와 협력업체 그리고 판매원까지도 모두 새로운 일자리를 얻고 윈윈할 수 있다.

지상 최대의 목표, 일자리 창출

2006년 재선에 도전하면서 나는 일자리 5,000개 만들기를 공약으로 내세웠다. 내가 생각하던 가장 큰 현안사항은 해운대구의 지역 간 격차를 줄이는 것이었다. 해운대구라고 하면 대한민국 어디를 가도 잘사는 동네라고만 알고 있고 또 날로 발전을 거듭하는 것도 사실이지만, 실제로는 어려운 가구가 전체 주민의 절반이나 되었다. 정부에서 지원하는 복지시책도 한계가 있었다. 공공근로라고 해봐야 그저 한 번씩 '우물을 파주는 것' 뿐이었다. 가난한 주민들에게는 '페달펌프'가 필요했고, 주민들이 각자 자활의 길을 걷게 해주는 무언가가 필요했다. '고기를 주는 복지에서 고기 잡는 법을 알려주는 복지, 고기잡이 도구를 마련해주는 복지'로의 전환이 절실했다.

2006년 당시 구청에서 주민의 취업과 관련된 업무는 사회복지과 내 노사관리팀에서 담당했다. 그런데 말만 취업정보센터였지 공익근무요원 한 명이 앉아서 하루에 겨우 2~3명 찾아오는 구직자들에게 구직정보지를 나눠주는 게 전부였다. 노사관리팀은 사회복지과 내에서도 직제 순으로 볼 때 가장 말석 팀이었고, 인원도 팀장과 직원 두 명뿐이었다. 게다가 노사문제가 주 업무였고 취업은 과 내의 다른 복지업무와도 이질감이 있어 제 구실을 못했다.

2006년 7월 재선에 성공한 뒤 나는 공약했던 일자리창출을 더 체계적이고 효율적으로 추진하려면 무엇보다 경제 분야를 전담하는 부서가 필요하다고 판단하고 경제진흥과를 신설했다. 이 과 안에 일자리창출팀과 기업지원팀을 만들었다. 기초단체에서 이렇게 한 것은 해운대구가 최초였다.

경제진흥과가 신설되긴 했지만 소속 직원조차도 무슨 일을 어떻게 해야 할지 몰라 막막해했다. 나는 조금 구닥다리 방법이긴 하지만 구청장실에 일자리창출 상황판을 세우고 매주 추진 실적을 부서별로 표시하게 했다. 전체 부서장이 일자리 대책을 논의하는 전략회의를 한 달에 두 번씩 했고, 매주 월요일 업무보고 때는 각 과장에게 일자리창출 실적을 보고하도록 했다. 그렇게 나는 전 행정력을 일자리창출에 집중했다.

구청장이 앞장서서 관심을 갖자 직원들도 확실히 달라졌다. 일자리창출팀에서도 여태까지 없었던 새로운 프로그램과 정책을 개발하며 의욕을 보였다. 찾아가는 일자리 발굴단인 '구인개척단'을 만들

해운대구청은 관내 입주한 기업들을 상대로 해운대구민을 우선 채용하겠다는 내용의 MOU를 체결하도록 이끌었고, 지자체로서는 최대 규모의 채용 행사인 신세계백화점 직원 채용 행사를 구청 회의실에서 열었다.

고 기업의 창업을 지원하는 '기업지원 원스톱 시스템'을 개발했다.

또 관내 입주한 기업들을 상대로 해운대구민을 우선 채용하겠다는 내용으로 MOU를 체결하도록 이끌었고, 지자체로서는 최대 규모의 채용 행사인 신세계백화점 직원 채용 행사를 구청 회의실에서 열었다. 그 후 전국 최초로 동 단위 주민공동작업장을 만들어서 운영하는 등 기초자치단체이지만 광역자치단체를 능가하는 규모의 시책들을 개발했다.

— 해운대구청이 무너진다 해도

구인개척단은 일자리창출팀과 기업지원팀이 연계해서 관내 모든 업체를 직접 방문하여 구인현황을 파악할 뿐만 아니라 기업애로를 접수하고 해결해주는 말 그대로 일자리를 개척하고 기업의 불편사항을 개선하는 팀으로, 전국에서 최초로 시도된 조직이었다. 그러나 처음 기업체에 방문했을 때는 업체에서 오히려 불편해했다. 구청에서 사람이 나와 기업의 애로사항을 듣는다니까 어쩐지 감시를 당하고 손해를 볼 것 같다고 생각했기 때문이다. 나는 오랫동안 국세청에서 근무하면서 기업의 생리를 잘 알고 있던 터라, 개척단과 함께 직접 기업체를 방문해서 취지를 설명했다.

해운대에서는 센텀시티 산업단지 내 아파트형 공장, 대형 유통업체가 속속 입점하고 있어 좋은 일자리를 찾는 구민과 기업체를 연결시키기에 여건이 좋았다. 구인개척단은 기업체 간부 출신 3명으로 시작했으나 지금은 8명으로 확충되어 해마다 500여 명의 주민에게 일자리를 연결해주고 있다. 이 구인개척단의 활동은 차츰 언론의 주목을 받았고 행정안전부 우수 사례로 소개되면서 전국으로 파급되었다.

기업지원 원스톱 시스템은 창업을 하려면 구청, 세무서, 소방서, 경찰서 등 평균 14개 기관 60여 개 부서를 방문해서 등록을 해야 하는데, 이 모든 절차를 하루에 처리할 수 있도록 모든 기관의 담당자를 구청의 한 장소에 모아 행정 업무를 처리하게 하는 것이었다. 하지만 이렇게 편의를 봐주는 대신, 창업하는 기업은 반드시 해운대구의 주민을 우선적으로 채용한다는 조건의 MOU를 체결하도록 했다. 누이 좋고 매부 좋은 윈윈 전략이었다.

이런 MOU 체결에 2007년 롯데백화점, 2008년 신세계백화점, 2010년 해운대백병원 등이 동참했다. 이들 업체의 신규직원 채용 행사가 곧 구청에서 열렸고 롯데백화점에 300명, 신세계백화점에 2,250명, 백병원 등 4개 병원 420명 등 총 2,970명의 구민이 직장을 새로 얻었다.

이 채용 행사 가운데 가장 기억에 남는 것은 세계 최대 백화점인 신세계백화점 센텀시티점 개점에 따른 직원 채용행사였다. 2008년 11월 27일과 28일 이틀 동안 해운대구청에서 열린 이 행사에 구직자 6,000여 명이 몰려드는 바람에 〈국제신문〉은 구직자들 때문에 해운대구청이 무너진다는 내용으로 기사를 올리기도 했다. 특히 행사 이틀째 되는 날은 비가 내리는데도 구직자가 3,000명이나 몰려 행사의 열기를 더욱 깊이 체감할 수 있었다. 그날은 관련부서 직원들도 모두 동원되어 순번기로 번호표를 뽑아서 나눠주었고, 구직자들이 비를 맞지 않도록 새벽부터 나와서 천막을 치기도 했다. 지금 돌이켜 보면 보람찬 일이었다.

이런 노력의 결과로 민선 4기 출범과 동시에 내세웠던 5,000개 일자리 만들기 목표는 2010년 6월 두 번째 구청장 임기를 마무리 할 때 1만 개가 넘어 초과 달성됐다. 이로써 우리 구는 2006년부터 2010년

민선 4기 출범과 동시에 내세웠던 5,000개 일자리 만들기 목표는 2010년 6월 두 번째 구청장 임기를 마무리 할 때 1만 개가 넘어 초과 달성됐다. 2009년 12월에는 희망근로사업 평가에서 대통령상을 수상하는 영광도 안았다.

까지 5년 연속 부산광역시 실업대책 분야 평가에서 최우수구로 선정되었다. 이뿐만 아니라 행정안전부의 2010년 상반기 지역일자리 평가에서 전국 최우수기관으로 선정되어 재정인센티브 5억 원을 받았고, 2010년도 말에는 지역 일자리창출 최우수기관으로 선정, 대통령상을 받아 재정인센티브로 3억 원을 받았다. 이 상과는 별개로 2009년 12월에는 희망근로사업 평가에서 대통령상을 수상하는 영광도 안았다.

2011년 3월에는 여러 부서에 흩어져 있던 일자리 관련 업무를 더욱 체계적이고 효율적으로 추진하기 위해 기존의 일자리창출팀과 희망 T/F팀에서 추진해오던 일자리 업무를 확대개편해서 '일자리복지사업단'이라는 전담조직을 신설해서 운영하고 있다.

— 지역 거점의 창업지원, 행복나눔센터

반송2동 동순방 때마다 주민 건의가 있었는데 그 내용이 다음과 같았다.

"구청장님, 우리 동네에 폐가가 있는데, 원래는 파크랜드의 여공 기숙사였습니다. 파크랜드가 중국으로 진출하면서 기숙사를 폐쇄하고 방치하면서 주민들이 쓰레기를 버리는 쓰레기장이 되어 마을 경관이 을씨년스럽고, 청소년들이 또 여기에서 탈선 행각을 벌입니다. 이곳을 매입해서 주민복지시설로 만들어주시든지, 정 안 되면 건물만이라도 철거해주십시오."

그래서 직접 가보았더니 상황은 상상했던 것보다 훨씬 심각했다. 주택가 한가운데 그런 폐가를 도저히 그냥 둘 수는 없었다. (2010년 2월에 발생한 이른바 '부산 여중생 살해사건'의 범행 현장 및 범인 체포 장소도 부산 사상구의 덕포동에 있는 재개발 지역의 빈집이었다.) 마침 그때 2009년과 2010년에 우리 구청이 대통령상을 연거푸 받으면서 함께 받은 상금이 있어서, 그 부지를 구입해 일자리창출 관련 주민센터를 지으려고 했다.

처음엔 파크랜드 회장이 땅을 팔지 않겠다고 했다. 인근 빌라에서도 매입을 시도했지만 거절당했다고 했다. 결국 그 부지를 매입해서 건물을 짓기까지는 1년이 넘는 시간이 걸렸다. 부지 매입 및 건설에 들어간 비용은 10억 원이었는데, 두 차례의 대통령상과 함께 받은 상금에다가 행정안전부에서 주관하는 '희망마을 만들기' 공모에 선정되어 받은 2억 원을 추가해서 예산을 마련할 수 있었다.

이런 과정을 거쳐 2011년 11월 지상 2층 건물의 해운대 행복나눔센터가 들어섰다. 전국 기초자치단체로는 최초로 세운 일자리창출 종합지원센터다. 11월에 있었던 개소식에는 무척 추운 날씨였음에도 무려 300명이나 되는 주민들이 몰려들어 미리 준비한 250개의 의자도 턱없이 부족했다. 파크랜드가 국내 공장을 운영할 때만 해도 반송에 사는 아줌마들의 절반이 파크랜드 때문에 먹고 산다는 말이 나왔을 정도였는데 파크랜드가 떠나고 나자 그 많은 사람들이 한꺼번에 일자리를 잃었고, 그래서 새로운 일자리에 대한 기대를 안고 개소식 구경에 그렇게나 많이 나왔던 게 아닐까 싶다.

현재 이 건물은 1층에는 공동작업장 및 인터넷쇼핑몰 창업인큐베이터가, 2층에는 1인 창조기업과 시니어플라자 지원센터에 25개 기업이 입주해 저소득층과 미취업 청년, 퇴직자를 위한 다양한 취·창업 지원을 펼치고 있다. (입주 기업에 대한 전문적인 경영 컨설팅 및 기업 연계 수주로 내실 있게 창업을 지원한다.) 또한 지역의 모든 계층 및 연령층을 겨냥하여 맞춤형 일자리를 지원한다는 점에서 신개념 일자리 종합지원센터로 주목을 받고 있다.

행복나눔센터 바로 옆에는 '기숙형 1인창조기업 비즈니스센터'가

들어설 예정이다. 1인 창조기업인이 기숙하면서 밤낮없이 작품구상과 창작활동에 매진할 수 있는 환경을 지원하게 될 이 시설은 2013년 말까지 완공을 목표로 하고 있고, 2013년 11월 현재 입주기업을 모집하고 있다.

썬앤펀 카페의 도전

앞서 예로 들었던 페달펌프 사업과 같은 자활과 자립의 비즈니스 마인드가 바탕이 된 창의적인 사업을 구청 행정에서는 또 어떤 방식으로 시도할 수 있을까? 이런 질문에 완벽하게 성공한 사업이라고까지는 대답할 수 없지만 적어도 가능성을 확인한 사업이 있다. 썬앤펀 카페이다. 썬앤펀 카페는 비즈니스 마인드가 강화된 재미있고 독창적인 또 하나의 일자리창출 사례다. '썬앤펀'(Sun & Fun)은 해운대의 브랜드 슬로건이다. 이 슬로건을 딴 카페가 구청 청사 1층 민원실 한편에 생긴 것이다.

— 바리스타 교육이 준 아이디어

2009년 가을 부산커피교육센터에서 초청장이 날아왔다. 바리스타 교육이라고 했다. 새로운 것에는 늘 호기심을 느끼는 성격이라서 가보기로 했다. 이 교육센터에서 우리 청년 구민들이 바리스타 자격증을 따려고 교육을 받는다고 해서 격려 겸 일일 연수생 자격으로 교육센터에 간 것이다. 이곳에서 나는 바리스타의 꿈을 안고 열심히 배우고 있는 교육생들과 이야기를 나누며 그들의 애로사항을 들었다. 바리스타 자격증을 취득하려면 특히 실습을 많이 해야 한다는 것과 자격증을 따도 일자리를 구하기가 어렵다고 했다.

구청으로 돌아오는 차 안에서 나는 예비 바리스타들이 자기 꿈을 이룰 수 있고 또 이 새로운 직종을 구정에 접목할 아이디어가 없을지 줄곧 생각했다. 그래서 일단 구청의 새내기 직원들에게 커피교육센터를 둘러보게 하고 또 교육도 직접 받아보게 했다. 이 직원들의 참신한 아이디어를 기대했기 때문이었다.

처음에는 민원여권과에서 민원인 접대 차원에서 이야기가 나왔지만 선거법 위반 소지가 있고 또 바리스타 머신 등의 물품을 구입하는 데 드는 비용도 만만치 않아서 두 손을 들었는데, 이것을 기초수급자와 차상위계층의 자활사업 개념으로 확대하니 해결의 실마리가 풀렸다. 이렇게 해서 구청 1층의 민원실에 카페가 만들어졌다.

이 카페에서 일할 예비 바리스타들은 저소득층 자녀들 가운데서 자활의지와 도전정신이 강한 젊은이들로 선발했다. 1차로 세 명에게 3개월간의 바리스타 교육을 받도록 교육비를 지급했다. 또한 이들에게는 이 카페에서 마음껏 실습할 수 있는 기회를 제공했다. 구청에서는 예비 바리스타들에게 매월 자활사업비로 80만 원씩 급여를 지급했고, 카페 운영 수입에서 재료비를 제외한 순수익은 적립하기로 했다. 이들이 나중에 창업할 때 창업자금으로 지원할 계획이었다.

— 커피 향으로 물든 민원실

드디어 2010년 1월의 어느 날 이 카페가 문을 열었다. 메뉴는 유명 커피전문점에서 만날 수 있던 카페라떼, 카페모카, 카푸치노 등 다양한 커피들이었고 가격은 1,000원에서 2,000원대였다. 언론에서는 관공서에 처음 생기는 카페를 관심 있게 취재했고, 구청을 찾아온 민원인들이 색다른 광경에 이끌려 바리스타의 커피 맛을 보려고 줄지어 늘어섰다. 이날 나는 바리스타 복장을 하고 커피를 만들어 팔았다. 내가 그날 자청해서 일일 바리스타가 된 것은 무엇보다도 젊은 예비 바리스타들에게 용기를 주고 싶어서였다.

그런데 이 카페가 예상보다 훨씬 더 성공적이었다. 하루에 판매되는 양도 많을 때는 300잔 가까이 되었다. 게다가 구청 민원실에 향긋한 커피 냄새가 퍼지자 딱딱한 관공서 분위기가 훨씬 부드러워졌다. 민원인들도 바리스타가 즉석에서 만들어준 커피를 즐겼다. 이렇게 되니 구청 민원실이 주민들 곁으로 한결 가까워진 느낌이 들었다. 특히 매일 오후가 되면 늘 민원실을 찾는 외국인이 있었다. 구청 부근 초등학교 방과 후 영어선생님인 것 같았다. 카페 옆에 마련된 PC에서 학습 자료를 찾고 커피를 마시고 때론 책을 읽곤 했다. 이렇게 예전엔 볼 수 없던 모습들이 이제는 일상이 되었다.

그 뒤 썬앤펀 카페 2호점이 해운대해수욕장에 생겼고, 부산시청

민원실에 3호점이 운영 중이며, 4호점과 5호점을 준비 중이다. 그리고 2012년에는 2년 동안 썬앤펀 카페 1호점을 운영했던 참가자들이 해운대구청의 민간위탁기관인 '해운대지역 자활센터'를 통해 그동안 쌓인 수익금 가운데 7,000만 원을 임대받아 카페를 냈다. 물론 일자리창출 프로그램에 따른 것이다.

일자리가 없어서 막막한 세월을 보내던 젊은이들이 번듯한 직업을 가지고 또 그동안 노력해서 얻은 기술과 경험으로 자기 가게를 차려서 자활한 것을 보면 그저 뿌듯하고 담당 직원들이 고마울 뿐이다. 비록 일자리창출의 수는 많지 않지만, 하나의 모범적인 사례로 자리를 잡으며 수많은 일자리창출의 상징이자 씨앗이 될 수 있다는 점에서, 썬앤펀 카페는 비즈니스 마인드가 구정에 녹아든 성공 사례로 자랑스럽게 내세울 만하다고 자부한다.

해운대 효과의 결정체, 해운대 관광리조트

● 해운대 관광리조트 부지는 한때 국내 최고의 신혼여행 숙박지로 알려진 구 극동호텔 부지에서 해운대해수욕장 끝인 한국콘도 사이를 말한다. 이 지역은 해운대해수욕장을 바로 접하고 있고, 온천을 중심으로 한 해양레저 휴양지로 활용할 수 있는 최적의 조건을 가지고 있는 해운대구의 마지막 남은 노른자위다.

그러나 이 부지는 시유지, 구유지를 합친 면적이 3.7%에 불과하고 사유지가 50%를 차지하고, 국방부 소유가 41%, 그 외 재경부와 건설부 소유로 되어 있었다. 이렇게 복잡하게 구성된 토지인 데다 전체 부지의 40%를 소유하고 있는 국방부에서는 부지를 관광지에 편입하는 대신 해변가 쪽으로 대규모 군 휴양시설을 설치해달라고 요구했다. 한편 국방부 부지의 원래 소유자들은 지속적으로 환매 요구를 하는 등 개발에 대한 계획이 계속 겉돌기만 했다. 오랫동안 개발을 기다려오던 지주들은 중간 중간 개발에 대한 불씨가 보였다 꺼졌다 할 때마다 기대감과 실망감을 무수히 겪었다. 이렇게 해결 실마리가 제대로 풀리지 않자 개발에 대한 의지 또한 점차 약해져 나대지(지상에 건축물 등이 없는 대지)로 30년 넘게 방치되어왔다.

해운대구에서는 내가 취임하기 이전인 2002년 6월 29일자로 이 지역을 '해운대해수욕장 주변 지구단위계획구역'으로 고시했다. 이것은 아름다운 해운대해수욕장의 주변의 스카이라인을 보전할 뿐만 아니라 근본적으로 관광리조트 부지 내의 난개발을 막고 본래의 목적대로 개발될 수 있도록 하기 위해서였다. 이 구역에는 숙박시설, 위락시설, 관광휴게시설, 관람집회시설, 업무시설, 판매시설, 전시시설 등을 설치할 수 있도록 했고, 국방부 부지 약 9,000평은 체육시설, 주차장으로 도시계획시설 결정하여 최대한 난개발을 막으면서 시와 구의 당초 개발 계획에 부합되도록 했다.

이렇게 제도적으로 제한된 상태였으나 2003년에 새로운 변수가 생긴 뒤 관광리조트에 대한 개발이 다시 조명을 받기 시작했다. 국방부가 재원을 마련하기 위해서 이 부지를 매각한다는 공고를 냈기 때문이다. 실제로 국방부 소유 부지는 2003년 공개입찰을 통해서 현시가로 매매계약이 되었지만 매수자 측에서 체육시설, 주차장으로 묶여져 있는 이 지역을 다른 용도로 변경을 시도하다가 결국 매수를 포기하는 해프닝이 벌어졌다. 그 후 우리 구에서도 이 지역 전체를 하나로 묶어 관광진흥법에 의한 종합개발을 하는 방안으로 우선 국방부와 재경부 부지를 매수하기로 했다. 그러나 공시지가로 매입하려는 입장과 현시가로 매각하려는 입장 차이로 성사되지 못했다. 또 많은 투자가들이 이 부지에 눈독을 들였지만 나는 끝까지 본래의 목적대로 개발될 수 있도록 철저히 통제했다. 다만 민간이 국방부 부지 등을 매입할 경우 시나 구에서 추진하려는 종합적인 개발방안 즉, 관광지조성계획에 의한 개발을 수용하는 경우에는 도시계획시설 해제도 적극 검토할 수 있다는 여지는 남겨놓았다.

2006년에 들어서자 부산시는 당시 대승 D&C에서 짓고 있던 극동호텔 부지의 콘도시설 부분을 제외한 6만 5,934제곱미터에 '워터파크' 개발을 본격적으로 추진했다. 시는 사업성과 공공성을 확보하기 위해서 부산도시공사를 시행사로 하는 '도시개발구역 지정' 절차를 추진했다. 도시공사는 이 일대의 부지를 사들이고 2007년 11월에 민간 사업자를 공모했다. 그러나 이후 6년간 국내 건설경기 장기 침체로 시공사 선정과 자금 조달 등에 애로를 겪으면서 사업이 지체되고 있었다.

— 세계 정상급 건설사들이 보인 관심

나는 이 부지를 늘 안타까운 마음으로 바라보았다. 구청장으로서 시원한 해결책을 마련하지 못하는 한계에 부딪친 데다 2011년 10월 7일 구청에서 건축허가를 낸 것을 두고 일부 주민들이 교통난이 가중된다며 승인을 취소하라는 반대를 했던 것이다. 이 사안과 관련해

해운대 관광리조트 기공식. 지난한 과정을 거쳐 세계 정상급 건설사의 투자까지 이끌어낸 이 리조트는 2018년 완공을 목표로 하고 있다. 해운대라는 도시 브랜드와 빼어난 자연경관 등이 높이 평가받은, 이른바 '해운대 효과'의 결정체라 불릴 만하다.

몇몇 구의원들이 삭발농성을 하고 시민단체가 소송을 제기하기도 했다. 그래서 또 한 차례 주민을 설득하고 이해시키면서 복잡한 상황을 풀어나가야 했다.

그러나 관광리조트는 2013년 10월 들어 중국 최대 국영 건설회사 CSCEC가 참여하면서 새로운 전기를 맞이했다. 이 기업이 최상의 자연경관에 국제적 수준의 도시생활까지 누릴 수 있는 해운대의 인프라를 높이 평가하여 투자를 결정한 것이다. 해운대 관광리조트는 101층짜리 랜드마크 타워와 각 84층짜리 주거 타워 2채, 상업 시설 등으로 이뤄진다. 랜드마크 타워엔 6성급 관광호텔, 일반 호텔, 컨벤션홀, 전망대 등이 들어서고 주거 타워엔 아파트와 레지던스 등이 만들어진다. 건물 3채를 잇는 하부 공간에는 디지털 테마파크, 온천 스파, 워터파크, 쇼핑몰 등이 들어설 예정이다.

이 리조트는 2018년 완공을 목표로 2013년 10월 28월에 기공식을 가졌다. 첫 삽을 뜰 때 만감이 교차했다. 그동안 구 단위에서 이 부지를 활용해 해운대를 4계절 체류형 관광지로 변모시키려고 노력했지만 역부족이었다. 지난한 과정을 거쳐 최고 3조 4,000억에 이르는 투자가 해운대에 투입된 것은 이른바 '해운대 효과'의 결정체라는 생각이 들었다. 높아진 도시 브랜드와 빼어난 자연경관, 그리고 문화적 품격까지 누릴 수 있는 명품도시 해운대가 세계 정상급 건설사의 마음을 움직인 것이다.

무엇보다도 한·중·일·미 4개국 기업이 동시에 참여하는 글로벌 프로젝트로 건설될 해운대리조트가 무척 반갑다. 여기에서 창출되는 지역경제 성장과 다양한 일자리 창출은 해운대의 미래를 더욱 풍요롭고 빛나게 할 것이라 믿기 때문이다.

또한 현 정부의 5대 국정목표 중에서도 핵심정책이라 할 수 있는 창의성과 첨단·과학기술 등을 융합하여 새 기술, 새 산업, 새 일자리를 창출하는 '창조 경제'의 선도적인 표본을 해운대가 보여주게 될 것이라 기대한다.

4장

풀뿌리 민주주의를 위한 기초놓기

– 소통

사람이 희망이다,
사람이 재산이다

공무원 사회는 무한경쟁을 최고의 덕목으로 치는 민간 기업과 다르다. 아무리 경쟁에 뒤처진 직원이라고 해도 업무를 주지 않고 책상 하나만 달랑 던져줘서 결국 제 발로 걸어 나가게 만드는, 그런 야박한 짓은 하지 않는다. 물론 공무원 사회의 이런 방식은 개인이나 조직의 효율성을 극대화하는 데는 바람직하지 않다.

개인적으로 짧은 기간 동안 사기업을 이끌어봤고, 구청장이 되어서는 구청 조직에 혁신의 바람을 불러일으키려고 줄곧 노력해온 편이긴 하지만, 이런 생각은 어쩌면 인생의 대부분을 공무원 사회에서 보낸 사람이 가지는 편견일지도 모른다. 그럼에도 기초지자체 조직에서는 인간적인 차원의 이해와 소통이 조직을 효율적으로 움직일 수 있도록 해주는 데 무엇보다 중요한 요소라고 믿는다.

— 성공의 씨앗을 뿌리는 과정

나는 사람을 만나서 이야기를 나누고 함께 밥을 먹는 걸 좋아한다. 이런 성격은 사회생활이나 직장생활을 하는 데 많은 도움이 된다. 아직까지 우리 사회에서는 의사결정 과정에서 인간관계가 크게 작용하기 때문이다.

공무원 사회에서도 사람을 많이 아는 게 재산이다. 특히 많은 구민을 상대로 구정을 이끌어나가야 하는 구청장은 주민을 많이 만나는 게 구정에 큰 힘이 된다. 구청장에 당선된 후 첫 2년 동안 나는 해운대구 전 지역 구석구석을 몇 번이나 찾아다니면서 주민을 만났다. 하루에 만나는 사람이 기본적으로 100명이었다. 이동할 때도 무조건 걸었는데 기본이 2만 보였다. 보통 1만 보에 100분이니 하루에 3시간씩 걸으면서 사람들을 만났다는 말이다.

주민뿐만 아니라 우리 구 직원들도 부지런히 만났다. 취임 직후부터 구 전체 직원을 1 대 1로 만났다. 이른바 '5분 면담'이었다. 돌이켜보면 그 과정은 성공의 씨앗을 뿌리는 과정이었다. 직원 한 사람 한 사람이 모두 지난 10년간 해운대구가 상전벽해의 성공을 일구는 원동력이었기 때문이다. 이렇게 개인적인 대화를 나누고 또 직원의 과거 경력까지 파악하고 나면 그 사람의 장단점을 대략은 알 수 있다. 또 이를 바탕으로 어떤 업무가 그 사람에게 적절한지도 알 수 있다.

사람이 재산이므로, 나는 재산을 일군다는 마음으로 주민을 만나고 직원을 만난다. 이렇게 '오지랖 넓게' 사람들을 만나다 보니 재미있는 일도 벌어진다. 한번은 미국에 출장을 갔는데 뉴욕에 있는 어떤 식당에서 한국 학생이 아르바이트 일을 하고 있었다. 평소처럼 그 학생과 이런저런 이야기를 나누다 보니 가족관계까지 캐묻게 되었는데, 알고 보니 마침 그 학생의 집이 해운대구 관내의 반여3동 3통이었던 것이다. 홀어머니가 몸도 아프고 어렵게 산다는 말에 그 자리에서 반여3동장에게 전화를 걸었고, 학생 모친에게 '구청장이 미국에서 아들을 만났는데 아들이 잘 지내고 있다'고 안부를 전해달라는 말과 함께 가정 형편을 파악해서 도울 일이 있는지 살펴보라고 지시했다. 나중에 귀국해서 그 학생 모친을 구청장실에서 만나 잠시 웃음꽃을 피우기도 했다.

— 카리스마를 내세우지 않는 카리스마

한번은 이런 일이 있었다. 관내의 어떤 고마운 분이 불우한 이웃을 돕는 일에 거금을 쾌척했다. 식당을 운영하는 자영업자였다. 그 분에게 고마운 마음을 따로 표현할 길도 없고 해서 직원들과 함께할 회식 장소를 그 식당으로 정했다. 어차피 먹을 저녁밥이라면 그 분의 가게에서 매출을 올려주고 싶었던 것이다.

마침 그 식당에서 부산시의 다른 지역에서 구청장으로 계셨던 분을 만났다. 그런데 그분이 우리를 보고 깜짝 놀라는 게 아닌가. 이유를 들어보니 의전을 따지지 않고 구청장과 직원이 어울려 아무 자리에나 앉는 모습이 놀랍다는 것이었다.

이렇게 격식에 얽매이지 않는 것은 서로 편할 뿐만 아니라 내가 바라는 모습이기도 하다. 잃는 것보다 얻게 되는 것도 더 많다. 구청장은 결재 라인의 맨 꼭대기에 있기 때문에 이런 자리가 아니면, 일부러 노력하지 않는 한 하위직 직원들의 의견이나 고충을 들을 기회가 없다. 그러니 오히려 더 이런 자리를 원한다.

“군자는 화이부동(和而不同)하고 소인은 동이불화(同而不和)한다”는 말이 있다. 《논어》의 “자로” 편에 나오는 글귀인데, 여기서 군자는 여러 가지로 해석할 수 있지만 현대적인 개념으로 보자면 ‘훌륭한 지도자’로 해석할 수 있다. 훌륭한 지도자는 사람들과 조화를 이루며 함께 잘 어울리지만 보통사람과 어딘가 다르고, 훌륭한 지도자가 못 되는 사람은 보통사람과 다를 바 없지만 조화를 이루지 못한다는 뜻이다. 사람들 속에서 아픔과 기쁨을 함께 느낄 때 지도자로서 올바르게 이끌어나갈 수 있다는 말이기도 하다.

물론 내가 얼마나 ‘군자’에 가까운 사람인지는 모르겠지만 저 글귀를 항상 마음에 새기고 행동으로 옮기고자 노력한다. 구청 1층 민원실에 마련되어 있는 썬앤펀 카페에서 커피를 마시며 직원들과 어울리고, 아침마다 동네 목욕탕에서 주민들과 어울리는 것도 그런 까닭에서다.

직원들은 가끔씩 나에게 언뜻 표정만 보면 무섭지만 자꾸 만나다보면 친근감이 느껴진다고 말한다. 우스갯소리로 은근히 강요를 한다고도 말한다. 이런 말이 들릴 때면 흐뭇한 미소가 번진다. 훌륭한 리더십에는 여러 가지 유형이 있지만, 적어도 내가 발휘하고 있는 리더십이 잘못된 것이 아님을 알 수 있기 때문이다.

카리스마를 드러내지 않는 카리스마. 망설임 없이 다가설 줄 아는 소통 능력. 이것이 바로 성공한 구청장, 성공한 CEO로 만들어준 요인 중 하나였던 것 같다.

화합과 상생으로 만들어가는 조직

● 2004년 첫 취임식 때 총무과에서 정한 모든 공식적인 의전을 모두 끝낸 뒤에 노동조합 사무실을 찾았다. 당시 공무원노동조합은 아직은 불법이었지만 비공식적으로는 인정이 되고 있었다. 그랬기에 구청장이 노동조합 사무실을 찾은 것은 이례적인 행보라고 했다. 그러나 나는 노조 조합원들도 엄연히 해운대구청의 직원이고 당연히 내 식구라고 여겼기에 그곳을 방문했다. 나중에 들은 얘기지만, 당시 노조위원장은 2004년 구청장보궐선거 때 텔레비전 토론회에서 자신에게 무안을 당한 사람이 구청장이 되어 나타나자 미운털이 박힌 게 뻔할 테니 아예 근무처를 다른 곳으로 옮길 수 있도록 애를 써야 하나 말아야 하나 고민을 많이 했다고 한다. 하지만 지금 그 사람은 감사담당관으로 아직까지도 해운대구청에서 근무하고 있다.

한편 해운대공무원노동조합은 2009년 12월에 전국공무원노동조합 탈퇴를 조합원 찬반 투표를 통해서 의결하고, 2010년 1월에 부산 지역 16개 자치단체 가운데 유일한 합법노조이자 단위노조를 설립했고, 같은 해 5월에는 자치단체 가운데 전국 최초로 '선진 노사평화 선언문'을 선포했다. 노사가 함께 신뢰받는 노사문화를 창조해 공공기관으로서 가치를 극대화하며 신바람 나는 직장 분위기를 조성해서 주민에게 더욱 밝고 건강한 행정 서비스를 펼쳐 나가자는 내용을 담은 선언문이다.

구 차원에서는 노사관계에 오해와 반목이 일어나지 않도록 해마다 정기적으로 노사화합 워크숍 및 노사대표 만남의 장을 열고 있다. 그리고 직원과 간부의 소통을 높이며 고충이나 불만을 해소하기 위해 근무여건과 조직문화 등 10개 분야 36개 문항의 설문조사를 실시하고 조사 결과를 구정에 반영하고 있다. 소통을 하고자 하는 쌍방의 노력이 있었기에 가능한 일일 것이다.

신참에게 배우는 역멘토링, '통통通通 창조회의'

소통은 일방적인 것이 아니다. 쌍방향 흐름이 이루어져야 진정한 소통이다. 조직에서 하향식 지시만 있고 상향식 건의와 지적이 차단된다면 조직은 생기를 잃고 만다. 젊은 정신을 통한 혁신, 새로운 시도, 창의성은 이런 소통 없이는 이루어지지 않는다.

내가 직원들을 만나서 그들의 이야기에 귀를 기울이려는 것도 바로 이런 까닭에서다. 그런데 시간이 지나면서 나만 이런 정신적 세례를 받을 게 아니라 간부들도 함께 받으면 좋겠다는 생각이 들었다. 그래서 간부회의 자리에 하위 직급의 직원들을 참석시켜 어떤 주제로든 그들이 느끼는 것을 그들의 목소리로 발표하게 했다.

그러다가 상하급 직원들 사이의 이런 소통 시스템을 해운대구라는 조직 전체로 확대하면 좋겠다는 생각이 들었다. 이렇게 해서 나온 것이 바로 역멘토링 제도다. 일반적으로 멘토링이란 상급자가 자기 경험을 바탕으로 신참을 교육시키는 것을 일컫는 말이다. 그런데 나는 이것을 뒤집어서 말단 직원이 새롭고 참신한 정신으로 상급 직원을 교육하게 한 것이다.

상급 직원에 비해 젊은 직원의 상대적 강점인 외국어와 IT분야 등의 지식공유를 통해서 전체 직원 간 시너지효과를 창출할 필요가 있었고, 다양한 세대의 행정 수요에 대처하기 위해 쌍방향 의사소통을 활성화할 필요가 있었기 때문이다. 사실 이 역멘토링 제도는 잭 웰치가 처음 시도했으며 그 뒤 전 세계의 기업에 확산된 소통 방식이다.

이렇게 2012년 2월 20일에 이른바 '통통(通通) 창조회의'가 처음 시작되었다. 그 후 매월 셋째 주 월요일 간부회의는 통통 창조회의라는 이름으로 열렸다. 회의 참석자는 구청장과 동장을 제외한 구청 간부들과 관련부서의 7급 이하 직원들이고, 회의 방식은 기본 현황을 발표한 뒤에 토론하는 형식으로 진행되었다. 자연스러운 토론을 유도하기 위해서 자리배치도 책상 없이 의자만 타원 또는 사선 형태로 배치했다.

제1회 회의는 그해 여름의 해운대 모래축제가 주제였는데, 47명이 참석한 이 자리에서 8급 직원이 이런 의견을 냈다.

"애초에 모래축제는 점점 좁아져가는 해운대해수욕장 백사장 복원을 기원하는 것을 중요한 목적 가운데 하나로 설정했었는데, 어쩐 일인지 일탈의 장으로 다 함께 즐기는 데로만 초점이 맞춰지고 있는 것 같다. 모래축제가 왜 개최되는지 알리고 백사장 복원이 얼마나 중요한지 알리는 메시지를 전달하는 프로그램이 꼭 개최되었으면 한다. 이를테면 축제 참가자들이 카드섹션을 할 수도 있고, 모래 복원의 메시지를 전달하는 모래조각을 할 수도 있고, 모래 복원의 중요성을 알리는 다큐멘터리를 제작해서 상영할 수도 있을 것이다."

이 의견이 반영되어서 2012년 모래축제에서는 "바람의 언덕"이라는 프로그램을 운영했는데, 거대한 모래언덕을 쌓고 '모래를 살립시다'라는 문구를 넣어 축제를 찾은 관광객들에게 백사장 복원의 필요성과 중요성을 전달했다.

또 어떤 9급 직원은 이런 의견을 냈다.

"자갈치축제가 2012년 문화체육관광부 지정 우수축제로 진입한 데는 축제의 일부 프로그램이 자갈치시장 외에도 용두산 공원과 광복동 거리에서 진행된다는 점, 용두산 공원의 농악놀이가 국내외 관광객들이 서로 한데 어울려 소통하는 참여도와 만족도가 높은 프로그램으로 평가받았기 때문이다. 그러니 해운대모래축제도 축제의 현장을 해수욕장뿐만 아니라 구남로 또는 달맞이언덕, 동백섬까지 확대해 많은 관광객들이 다양한 콘텐츠를 즐기고 해운대의 관광지에서 다양한 축제프로그램을 즐길 수 있도록 해운대 전역이 축제 분위기로 들썩거리면 좋겠다."

이 의견이 반영되어 2012년 모래축제 때 구남로에서 빛의 거리, 거리공연, 모래마켓 등의 행사가 열렸고 해운대구청을 출발해서 해운대역, 구남로를 거쳐 해변 이벤트광장까지 거리 퍼레이드 페스티벌이 펼쳐졌다. 또 달맞이언덕에서는 축제 기간 동안 벼룩시장을 열어 모래축제의 분위기를 해운대구 전역으로 확대했다.

통통 창조회의는 2012년 11월까지 '해운대를 팔아라!' '장산의 발전 방향, 개발이냐 보존이냐' '인터넷에서 만나는 해운대(홈페이지 개편)' 등의 주제로 총 8회에 걸쳐 열렸고, 그 뒤로는 웬만한 이슈를 다 짚었다고 판단해서 열리지 않고 있다. 어떤 제도든 수명이 다하게 마련이고, 현실의 조건에 맞게 새로 고치거나 새로운 제도를 마련해야 함은 당연하다.

마지막으로 통통 창조회의와 같은 맥락에서 진행된 역멘토링 제도로 해운대주니어보드를 소개한다. '주니어보드' 역시 기업계에서 빌려온 개념으로, 참신한 아이디어 개발과 조직 내 원활한 의사소통 및 인재 양성을 목적으로 청년중역회의를 구성해서 조직의 문제와 해결 방안을 검토·의결하게 하는 제도를 일컫는 말이다.

해운대구는 2010년 7월부터 '글로벌 창조도시 연구단'을 운영해 왔는데, 참가자들의 부서 이동 및 타 기관 전출, 활동 부진 등으로 재정비의 필요성이 제기되던 차에 해운대주니어보드 구성으로 의견이 모아졌다. 자유로운 학습 활동과 지속성을 보장하고 구성원 중심의 자발적 운영을 보장하기 위해 학습동아리 형태로 전환했으며, 근무경력 5년 이내 8급 및 9급 직원 20명 내외로 구성했다. 해운대주니어보드에서는 팀별 연구과제를 발표하고, 간부회의 때 최근의 사회 흐름 및 정보 연구를 발표하도록 했다. 이 제도는 2013년 현재까지도 계속 진행되고 있다.

낮은 곳의 목소리에서 답을 찾다

《목민심서》에 이런 글귀가 있다.

"수령은 혼자 우뚝 고립되어 있으니 눈을 사방으로 밝히고 귀를 사방에 통하게 하라."

다산 정약용 선생의 이 가르침에 착안해서 나는 2006년 7월 민선 4기 출범과 동시에 주민들에게 더 가까이 다가가기 위해 '주민 속으로 구청장실'을 운영했다. 법정동 단위로 짧게는 이틀 길게는 나흘 동안 구청장이 각 동주민센터에서 근무하는 제도였다. 이 프로그램을 마련한 목적은 구청장이 직접 일선 동에 나가 주민들의 의견을 청취해서 구정에 반영함과 동시에 재선 출마 때 공약으로 내세웠던 '주민참여예산제'를 준비하기 위함이었다.

관례적으로 구청장이 취임하면 동주민센터를 방문해 업무보고를 받아왔다. 그러나 2006년부터는 동 현황을 동장으로부터 간단히 듣고 직접 주민 속으로 뛰어들었다. 주민의 애로와 불편이 무엇인지, 진정한 요구가 무엇인지 직접 찾아내기 위해서였다. 그동안 동을 방문할 때마다 만나는 사람들은 지역 유지거나 주민 자치단체의 회원들에 한정되어 주민 건의사항이 한 차례 걸러진 내용이 될 수밖에 없었다. 이런 중간 차단막을 걷어내고 주민의 생생한 육성을 듣는 것이 선결 과제였다. 그래서 현장에서 무작위로 만나는 주민들로부터 구정 평가를 받고 건의사항을 듣기로 한 것이다.

이 행보는 8월 말에 가장 많은 민원이 예상되던 반송동 지역부터 시작해 9월 말에야 일정을 마칠 수 있었다. 그 기간 동안 불가피한 행사를 제외한 대부분의 날들을 지역에서 보냈고, 급한 결재는 동사무소에서 전자결재를 하면서 강행군을 이어갔다. 한여름이 지났지만 무더운 날씨가 계속 이어지는 가운데 한 달이 넘는 기간 동안 관내의 모든 동네를 도는 일은 결코 쉬운 일이 아니었다.

'주민 속으로 구청장실'의 가장 큰 수확은 구청장이 지역의 구석구석 특히 어려운 주민들 속을 다 헤집고 다니면서 주민들의 생생한 목소리를 들었다는 점이다. 덕분에 관내 지리를 훤하게 꿰뚫게 되었다. 주민의 가장 낮은 소리 가장 구석진 곳을 안다면, 눈을 사방으로 밝히고 귀를 사방에 통하게 할 수 있다고 생각한다.

이 제도를 통해서 접수된 건의사항과 민원은 총 213건이었다. 도로를 개설하고 불결한 도시환경을 정비해달라는 건의가 으뜸으로 많았고, 공원과 녹지공간을 더 많이 만들어달라, 주정차 단속과 버스

노선을 신설해달라는 건의가 그 다음이었다. 여전히 생활이 어려운 사람들이 많이 있지만 대부분의 주민들이 이제는 먹고사는 문제가 어느 정도 해결되어 쾌적한 환경 속에서 여유롭게 살고 싶은 욕구의 단계로 넘어갔음을 실감할 수 있었다. 구청에서도 행정의 초점을 삶의 질 향상에 맞출 필요가 있음을 다시금 깨달았다.

그런데 주민 건의사항을 들으면서 새로 알게 된 것이 있다. 생각하기에 소득이 낮은 지역 주민들의 요구사항이 많을 것 같지만 예상밖으로 소위 잘산다는 지역 주민들의 요구가 더 크고 많다는 것이었다. 영세민 밀집 지역 주민들은 자신들의 이야기를 들어주는 것만으로도 만족해하는 경우가 있었고, 설사 예산이 들어가는 요구라고 하더라도 주차단속을 해달라든지 가로등을 세워달라든지 버스 노선을 연장해달라든지 하는 것처럼 규모가 그리 크지 않은 사업이 대부분이었다. 한편 소득이 높은 지역에서는 생활 민원보다 환경 개선이나 문화 기반시설 향상에 대한 내용이 많았다.

해운대구청은 이 많은 건의사항에 대해서 우선 해결할 수 있는 사항은 즉각 해결해주었고 시일이 걸리거나 예산문제가 수반되는 사항에 대해서는 건의자에게 성의껏 중간 통보를 해줌으로써 구정을 신뢰할 수 있도록 했다. 예산이 부족해 해결하기가 어렵다고 설득하다가 핀잔을 듣기도 여러 번이었다. 그러나 주민의 목소리를 하나라도 소홀히 하지 않겠다는 의지로 백서를 만들어서 하나하나 꼼꼼하게 챙겼다.

— 주민과의 소통, '구정 토크쇼'

우리 구청은 해마다 1월이면 관내 18개 동을 순회하면서 주민들에게 새해 구정살림을 어떻게 꾸려갈 것인지에 대해 안내하고, 생활 속에서 불편함을 느끼는 사항에 대해 건의를 받아왔다.

그런데 2012년에는 이 프로그램을 좀 더 밀도 있게 진행하기 위해서 단순한 건의사항 청취가 아니라 토론회 형식으로 해보자고 제안했다. 기존의 일방통행식인 설명회나 의견 청취가 아니라 주민과 소통하고 공감하는 자리로 만들기 위해서였다.

이렇게 해서 전체 18개 동을 7개 권역으로 묶어서 권역별 현안을 주제로 상정하고 주민들과 집중적으로 토론했다. 시간은 오전 10시 20분부터 낮 12시까지 100분, 일명 '100분 토론'이었다.

권역별로 송정동은 '함께하는 복지정책', 좌동은 '교육환경 개선 방안', 우동은 '원도심 지역상권 활성화 방안' 등의 주제를 잡았다. 토론 주제에 따라 시민단체, 이익단체, 복지단체, 교통 및 교육 종사자 등을 토론자로 선정했고, 관심 있는 주민이면 누구나 참여해 자유롭게 의견을 낼 수 있도록 했다. 형식과 격식을 타파하고, 주민의 목소리를 경청하며 주민의 아이디어를 발굴하는 데 초점을 맞추었다.

그다음 토론은 반송1·3동을 묶어 반송보건지소에서 열었고, 복지 문제를 심층적으로 토론하기 위해 관내의 복지사들도 모두 참석하도록 했다. 좌1~4동에서는 학교폭력 문제를 다루었는데, 주민과 경찰, 교사가 함께 참여한 이 토론회는 그 어떤 토론회보다도 심도 깊고 실

기존의 일방통행식 설명회나 의견 청취가 아니라 주민과 소통하고 공감하는 자리로 만들기 위해 권역별 현안을 주제로 상정하고 주민들과 집중적으로 토론하는 구정 토크쇼 자리를 만들었다.

천적인 논의가 오갔다.

2013년에는 주민들과 토론회를 하는 자리가 마지막이 될 수도 있겠다 싶어서 비록 시간이 오래 걸린다 하더라도 18개 동을 전부 따로 만났다. 구청장으로서는 번거롭고 실무자로서는 업무 부담을 느끼지만 이런 자리야말로 구청과 주민이 그야말로 계급장을 떼고서 시급한 현안에 대해 허심탄회한 이야기를 나눌 수 있게 해준다.

2010년 3월부터는 한 달에 2번 이상 출근 시간에 2시간씩 버스정류장으로 나가서 주민과 현장 대화를 나누었다. 2011년에는 이런 활동을 '골목길 행정'이라는 이름으로 구체화했다. 출근시간 전 이른 아침이나 야간에 버스정류소와 재래시장 등과 같이 서민 생활과 밀접하게 맞닿아 있는 현장을 누비면서 불편을 끼치는 제도나 무질서 사례를 찾아 개선하기 위한 노력의 일환이었다.

이런 과정을 통해서 개발된 시책은 주민의 호응도 높을 뿐만 아니라 효과 또한 특별하게 나타난다. 풀뿌리 민주주의의 실천은 바로 이런 자리에서부터 시작된다.

— 현장민원실이 된 목욕탕

나는 아침마다 꼭 목욕을 하는 편이다. 이런 습관은 1969년부터 시작되었다. 당시 동래세무서에서 근무할 때 몸이 좋지 않아 근처에 있는 명륜탕이라는 작은 동네 목욕탕에서 아침 목욕을 하기 시작했다. 이 습관이 계속되어 지금은 아침밥은 굶더라도 목욕은 꼭 한다. 심지어 직장 따라 이사를 할 때도 아내더러 목욕탕이 가까운 곳에 집을 얻으라고 주문했을 정도다.

동네 목욕탕 애용은 해운대구청장이 된 이후에도 계속되었다. 그러다 보니 목욕탕은 거의 현장민원실이 되어버렸다. 구청이 무엇을 잘하거나 못하고 있는지, 구정과 구청장 개인에 대한 평가는 어떤지, 어느 곳에 청소가 제대로 안 되어 있는지, 마을 안길에 있는 맨홀 뚜껑이 멀쩡한지 아니면 차가 지나갈 때마다 덜커덕거리는지까지도 다 들을 수 있다. 고향과 출신학교 등을 챙기다 보면, 몇 사람 건너 연결고리가 생겨 더욱 친밀해지기도 한다. 반면 청소용역업체로부터 뇌물을 얼마나 먹었으면 청소 노조원들이 10년 내내 구청 앞에서 데모를 하느냐는 의심의 눈초리와 힐난을 듣기도 한다.

몇 년 전부터 해운대구청이 큰 상을 받을 때마다 구청 건물에 플래카드를 내걸었다. 해운대구민의 자부심을 높이고 구청 직원들에게도 보상을 해주고 싶었기 때문이다. 2012년에는 제4회 다산목민대상 대통령상을 받았다고 플래카드를 걸었더니 목욕탕에서 얼굴을 익힌 주민들이 "구청장 정말 수고했다. 해운대구가 자랑스럽다"며 밥을 사겠다고 했다.

구청장 자격으로 주민들에게 밥을 얻어먹기는 처음이었다. 세종문화회관에서 목민대상(牧民大賞) 대통령상을 받았을 때의 기쁨도 기쁨이었지만, 함께 목욕하며 정든 주민들이 차려준 큰 밥상인 '목민대상'(沐民大床)에 더 진한 감동을 받았다.

난항을 겪은 해운대문화회관 건립

해운대문화회관 건립은 2001년부터 추진되었지만 우여곡절과 파란만장한 과정을 거쳐서 2007년 3월 30일에 비로소 개관했다. 지하 1층 지상 4층에 495석의 규모의 객석을 갖춘 이 건물은 수려한 외관을 뽐내며 좌동 신시가지 중심에 당당하게 서 있다.

해운대문화회관을 건립하면서 겪었던 숱한 어려움 때문이었는지는 몰라도 외관의 위용이나 잘 갖추어진 내부시설을 자랑하는 다른 지역의 문화시설을 방문할 때마다 이렇게 완성할 때까지 얼마나 많은 난관이 있었겠나 하는 생각이 가장 먼저 들면서 마음이 짠해진다. 기초지자체의 어려운 재정 형편으로 번듯한 문화회관을 짓는다는 게 보통 어렵고 힘들지 않기 때문이다.

해운대문화회관도 설계만 다섯 차례 바뀌었다. 그 바람에 증액된 예산 확보 때문에 구의회 심의만도 5~6번 넘게 열렸고 특별조사위원회 조사도 전례 없이 두 차례나 진행되었다.

문화회관은 1996년 좌동 신도시 입주 때부터 신도시 내 도서관 건립과 함께 주민들의 건립 요구가 빗발치던 사업이었다. 하지만 구청의 열악한 재정 형편 때문에 이 숙원사업은 이루어지지 않고 있었다. 문화회관은 처음 2001년도 3월에 연건평 2,813평에 공사비 140억 원 정도가 소요되는 규모로 계획되었다가 재정 여건으로 그해 6월 연건평 1,500평에 토지매입비 29억 원을 제외하고 공사비 60억 원 정도의 구민회관 형태로 계획이 바뀌었다. 그러던 2002년 5월, 계획설계안 공개 공모를 통해서 당선작을 선정하고 실시설계 과정에서 주민과 관계 전문가들의 의견을 수렴하면서 음향시설을 보강하고 지하주차장 면적을 넓히면서 당초보다 공사비가 늘어나 총 사업비는 107억 원으로 증가했다.

2003년 5월에 다시 2차로 주민과 전문가 등을 초청하여 설명회에서 나온 의견들을 수렴한 결과 당초 구민회관 시설이었던 지하식당을 전시실로, 소강당을 다목적 용도의 공연장 공간으로, 주민문화센터 강의실을 연습실로 각각 변경하면서 총사업비는 다시 124억 원으로 늘어났다. 또 전문가로부터 자문을 계속 받는 과정에서 놓쳤던 시설들을 조금씩 보완하자 공사비가 10억 원이나 더 늘어났고, 그 뒤에도 설계변경에서 오는 증액분과 물가 변동분 그리고 조경식재 공사비와 부대공사비 등이 추가되어, 결국 문화회관을 짓는 데 부지 매입비를 포함하여 146억 원이라는 돈이 들어갔다.

문화회관의 예산에 대해 이렇게 세세하게 설명하는 이유는 설계 변경이 자주 일어나면서 그때마다 발생하는 증액분을 제때 확보하기가 매우 힘들었고, 그 바람에 구청과 구의회가 너무도 많은 날들을 고민으로 보내야 했기 때문이다. 2006년 6월에는 공사를 중단하지 않으려고 한국지방재정 공제회에 지방채 18억 원을 발행하기도 했다.

이렇게 복잡한 경로를 걸어왔던 문화회관은 의회에서 구 재정 형편상 추가 투자가 어렵고 적자운영이 불 보듯 뻔한데 굳이 왜 규모를 키우느냐, 왜 매번 추가예산이 들어가느냐 하는 지적은 예산심의나 사무감사 때마다 등장하는 고정 메뉴였다. 나는 처음에 내막을 몰랐던 터라, 예산 확보 대안도 없이 여러 차례 계획이 수정되어 예산이 두 배로 늘어난 게 의문이었다. 그러나 나중에는 그렇게 될 수밖에 없었던 흐름을 이해했다. 문화회관과 같은 문화시설은 상업적으로 따질 수 없는 무형의 가치가 있기 때문에 적자운영에 대해 지나치게 민감할 필요는 없다고 생각했다. 그래서 가능하다면 좋은 시설이 갖추어진 제대로 된 문화회관을 지어서 구민들이 문화 혜택을 마음껏 누릴 수 있도록 하자는 쪽으로 마음을 정했다. 어차피 돌이킬 수 없는 일이라면 개관 뒤에 적자폭을 줄일 수 있도록 시설을 제대로 갖추어서 다양한 공연을 유치할 수 있도록 하는 게 중요했다.

2006년 6월에 문화회관은 완공되었다. 그러나 건물은 다 지었지만 건물 주변 조경비가 없었고, 이 문제를 해결하자 이번에는 또 피아노 등 실내 필수장비를 구입할 돈이 없었다. 그래서 다시 한 해가 넘어갔다. 다행히 개관 직전에 구 예산을 마련하여 피아노를 사고 무사히 개관했다. 이렇듯 문화회관 건립에 있어서 그때그때 증가되는 공사비를 어떻게 확보하느냐 하는 문제는 준공이 되고 개관이 될 때까지 계속 이어졌다. 사실 예산 문제만 있었던 건 아니었다. 시공업체가 부도가 나고 작업반장이 노무자 임금을 들고 달아나는 등 생각지도 못했던 일들이 연이어 터졌다.

문화회관이 이렇게 어렵게 건립되었지만, 그 이후의 운영도 순탄하지 않았다. 2007년 3월 30일 개관에 앞서 구민들에게 문화회관도 알리고 우리 구의 2007년 중점 문화사업으로 국내 저명인사를 모셔 와서 그들의 값진 경험과 좋은 정보를 얻는 '늘배움 아카데미'를 495석의 대강당에서 하려고 했다. 그런데 구의회는 이런 강연회가 조례에서 정하는 전문예술공연이 아니라는 근거로 반대했고, 구에서는 각종 교양강좌를 개설할 수 있다는 다른 조항을 들어 강행하려고 하는 바람에 거의 두 달 동안 대립이 이어졌다.

해운대문화회관은 개관 후 6년이 지난 지금 부산시 구 단위 문화회관 가운데 규모 면에서는 가장 뒤처지지만 한 해 13만 명이 이용하는, 가장 알찬 기획공연을 하는 곳으로 정평이 나 있다.

이것 때문에 3월 19일 개관기념 행사로 이어령 교수 초청 강연회를 계획한 것이 문제가 되었다. 강연회는 무사히 치렀지만 이 과정에서 구의원 두 사람이 단식을 하면서 반대하는 등 진통이 컸다.

그 뒤 2007년 4월 13일부터 11일 동안 '조례위반 사항 행정사무 특별조사'도 받았다. 구는 문화회관 건립에 거액의 예산이 투입된 만큼 전문예술 공연을 위주로 하면서 주민들을 위한 공간으로도 활용해야 한다고 설득해서 2007년 6월 15일에 지역 주민의 문화의식 함양을 위한 강좌를 할 수 있도록 조례를 개정했다.

어찌 보면 대수롭지 않은 일인데 이렇게 커졌던 까닭은, 구청 집행부에서는 문화회관 개관식에 걸맞은 인물인 전 문화부장관을 어렵게 초청해서 여는 강연회니 만큼 편의적으로만 생각해서 상충되는 조례를 바로잡지 않고 진행했는데, 이것을 두고 구의원들은 구청장이 생색을 내는 데만 급급해하며 자기들을 무시한다고 생각했기 때문이었다.

말도 많고 탈도 많던 과정이었지만 구정에서 주민과의 소통, 구의회와의 소통 그리고 설득이 얼마나 중요한지 새삼스럽게 일깨워주었던 사례였다. 해운대문화회관은 개관 후 6년이 지난 지금 부산시 구 단위 문화회관 가운데 규모 면에서는 가장 뒤처지지만 한 해 13만 명이 이용하는, 가장 알찬 기획공연을 하는 곳으로 정평이 나 있다. 특히 개관 때부터 시작한 인문학 강좌 '늘배움 아카데미'는 지금까지 꾸준하게 이어지고 있다. 이 밖에도 다양한 세대별 인문학 강좌를 통해 해운대구민의 지식과 문화의 산실 역할을 톡톡히 하고 있다.

구청장은 해운대구의 얼굴이다

굳이 공식적인 자리가 아니라도 구정을 펼치다 보면 수많은 사람들을 만나게 된다. 이런 만남 속에서 상대방이 기억하게 되는 구청장의 이미지는 곧 해운대구 전체의 이미지가 되기도 한다. 그렇기 때문에 구청장이라는 자리에 있는 동안 많은 사람들과 끊임없이 소통하면서도 행동거지나 마음가짐에 각별히 신경을 썼다.

다음은 해운대에서 우연히 만났던 한 청년이 1년도 더 지난 뒤에 내 페이스북에 올린 글이다. 우연한 만남이 뜻하지 않은 인연으로 이어지기도 한다는 사실, 그리고 구청장의 자리가 매사에 조심하고 또 조심해야 하는 자리라는 것을 새삼 깨닫게 만들어준 글이었다.

> 2011년 7월 어느 날이었다. (…)
> 대한민국 여기저기를 누비던 우리는 오후 11시가 지난 늦은 밤에 부산에 도착하여 간단하게 저녁을 먹고, 황홀하던 해운대 백사장에서 두어 시간 가량 보낸 후 다음날 일정을 위해 근처에 있던 찜질방으로 들어갔다. 1층에서 엘리베이터를 기다리고 있을 때 어르신 두 분이 다가왔다. 그때 엘리베이터 문이 열렸고 아주머니 여럿이 내리셨다. 우리는 엘리베이터에 올라탔다. 그런데 그 어르신 두 분은 엘리베이터를 붙잡아 두고는 아주머니들의 안부를 물으셨다. '아놔, 뭐하자는 거야?' 속으로 이리 생각했지만 내색은 않고 기다렸다. 이윽고 두 분이 타고 문이 닫혔다. 어르신 한 분이 우리에게 말을 거셨다.
> "젊은이들 어디서 왔어?"
> "서울에서 왔습니다."
> "집이 서울이야?"
> "아니오, 집은 다 다른데 학교가 서울입니다."

"같은 학교 친구들인가?"

"네."

이런 대화가 오고 가면서 어르신은 젊은이들의 모습이 보기가 좋다며 격려를 아끼지 않으셨다. 그러고는 아직도 궁금한 게 남으셨는지 또 물으셨다.

"어느 학교 다니는가들?"

"말하셔도 모르실텐데? S대 다닙니다."

"서울에 S대가 한둘이야?"

"상명대 다니고 있습니다."

"난 또, 경복궁 뒤에 있잖아!"

당연히 모르실거라 생각했는데 예상치 못하게(?) 그분은 우리 학교의 위치까지 알고 계셨다. 그러고는 자신이 청와대에서 근무했는데 그 정도도 모를 줄 알았냐며 넉살좋게 웃어주셨다. (…)

그분은 자신을 해운대구청장이라고 소개하셨다. 그리고 옆에 계신 분은 부산의 모 대학교 교수님이라 소개하셨다.

"그나저나 자네들 몇 층 가나?"

"저희는 찜질방 갑니다."

"아 그래? 같이 내리자구."

그렇게 우리는 찜질방이 있는 층에서 함께 내렸다.

"청장님은 왜 늦은 시간에 찜질방에 오시나요?"

지금 사진으로 그때 시각을 체크해보니 새벽 1시 43분이다.

"아 요즘 휴가철이라 사람들이 해운대 많이 오잖아. 그래서 지금까지 해운대 주변 환경정리 좀 하느라 그랬지. 질서정리도 좀 하고, 청소도 좀하고, 집에 가기 전에 좀 씻고 갈려고. 여름엔 매일 이래. 아까 1층에 아주머니들 봤지? 그 아주머니들도 다 청소하시고 들어가는 거야. 내가 구청장인데 그 사람들보다 일찍 가서야 되겠어?"

그 말을 듣고 나서 1층에서 엘리베이터를 붙들고 서있던 그분을 속으로 욕했던 내 자신이 조금 부끄러웠다. 그리고 친구들과 함께 존경의 눈빛으로 그분을 바라봤던 것 같다.

그렇게 프런트에 가까웠을 때쯤, 구청장님이 말씀하셨다.

"학생들, 내가 젊은이들 만나니까 기분도 좋고, 상명대 학생들이라니까 오늘은 내가 계산해줄게. 그 돈으로 여행하면서 맛있는 거 사먹어.

남은 여행도 잘 마무리하고.”

굴러들어온 복을 차버리지 않는 우리이기에 고맙다고 넙죽 인사를 드렸다.

“구청장님 저희랑 사진 한 번 찍으시죠!”

이렇게 해서 그때 일을 사진 한 장으로 남겼다. 그리고 그때 이렇게 약속했다.

“저희가 서울 가서 여행 정리 하면서 꼭 포스팅하겠습니다.”

구청장님! 구청장님 덕분에 남아 있던 경주–안동–제천 여행을 더 알차게 할 수 있었습니다. 젊은이들이 미래가 되어야 한다면서 다독여 주시던 푸근한 미소가 아직도 기억에 남아 있습니다. 또한 더위와 고단함에도 주위사람들을 챙기시던 그 모습에서도 삶의 지혜를 배웠습니다. 당시에도 고맙단 말씀 드렸지만, 다시 한 번 전하고 싶네요. 감사합니다. 배덕광 구청장님!

청년이 올린 글을 읽고 나니 그때 찜질방비용을 내주길 참 잘했다는 생각이 들었다. 하지만 그보다 더 중요한 것은 해운대구청장인 나의 일거수일투족을 해운대구민뿐만 아니라 해운대를 방문하는 수많은 사람들도 지켜보고 있었을 것이라는 생각이었다. 반갑기도 하고 다른 한편으로는 간담이 서늘해지기도 했던 소중한 경험이었다.

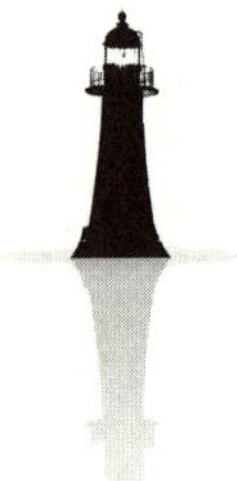

5장

더 창의적인 해법을 찾아서

– 혁신

변화를 두려워하지 않는 조직

예전에는 제품의 생명주기를 수십 년 단위로 따졌지만 지금은 연 단위로 따진다. 직장인 특히 회사원이 한 직장에 몸을 담고 있는 기간도 점점 짧아진다. 따라서 창의성을 바탕으로 한 혁신은 점점 중요한 덕목이 된다. 기업에서도 혁신부서가 대세라고 한다. 가령 '혁신담당 최고책임자'와 같은 직책은 예전에는 없었다. 혁신이 그만큼 중요해진 현대의 기업 현실을 반영하는 것이다.

예전에는 혁신이 특정한 직업을 가진 사람들, 특정한 조직에 속한 사람들, 특정한 부서에 속한 사람들에게만 필요했지만 지금은 그렇지 않다. 경쟁이라는 커다란 소용돌이 속에서 어떤 성과를 내고자 하는 사람이라면 누구에게나 필요한 덕목이다. 이렇게 공무원 조직 바깥에서는 혁신이라는 커다란 변화의 흐름이 있다. 그런데 우리 공무원 조직에서는?

— 구관은 명관이 될 수 없다

구관이 명관이라… 참 훈훈하고 좋은 말인 것 같다. 그렇지 않은가? 하지만 뿌리를 따지고 보면 결코 좋은 말이 아니다. 특히 변화하는 환경 속에서 끊임없이 개혁해야만 민간 수준을 간신히 따라잡을 수 있는 공무원 사회에서는 더 그렇다. 이런 점에서 보자면 구관이 명관이라는 말은 기존 공무원 사회의 특성을 가장 잘 나타낸다.

공무원들은 변화를 싫어한다. 무언가 바뀌면 일이 늘어나기 때문이다. 물론 무조건 변화가 좋다는 말은 아니다. 그러나 환경이 바뀌면 거기에 대응해서 정책과 시책도 바뀌어야 한다. 그래야 현실성 있는 프로그램으로 주민에게 봉사할 수 있다. 그렇지 않으면 주민이 마음 놓고 생업에 종사하며 사회의 일원으로 건강하게 살아갈 수 있도록 지원하고 봉사하는 것을 기본 목적으로 하는 정부 기관 및 지방자치단체의 온갖 프로그램들이 오히려 주민의 생업을 방해하거나 주민의 자발적인 참여와 봉사를 가로막고, 혹은 더 나아가 주민을 억압하는 족쇄가 되고 만다.

앞서 해운대구가 해결했던 정화조 민원만 해도 그렇다. 애초의 규정은 국민 보건을 지키기 위해서 반드시 필요한 규정이었지만, 그 규정 때문에 다수의 사람들이 생계에 곤란을 느끼거나 원치 않게 범법자가 된다면, 이 사람들을 구제하면서도 국민 보건이라는 애초의 목적을 달성할 수 있게끔 법을 바꾸면 되는 일이었다. 헌데 그렇게 하기가 정말 쉽지 않았다.

농경사회에서 경험과 연륜은 가장 중요한 덕목이었다. 나이가 많은 사람이 경험과 연륜이 풍부하다는 이유만으로 존경을 받았고, 또 충분히 그럴 자격이 있었다. 후임자는 전임자가 한 것처럼만 해도 그럭저럭 일할 수 있었다. 하지만 요즘이야 어디 그런가? 변화의 대세를 읽고 거기에 대응하려면 전임자의 전략과 정책을 그대로 답습해서는 안 된다. 하지만 안타깝게도 우리 공무원 조직에서는 이런 개혁이 쉽지 않다. 어떻게 해야 할까?

나 역시 공무원 조직에서 30년 넘게 있었지만, 세무법인의 대표로 일을 해본 결과 공무원 조직이 어떤 성과를 내려면 당근을 동원하든 채찍을 동원하든 간에 내부 경쟁을 강화해야 한다는 결론을 내렸다. 세월아 네월아 하면서 층층이 내려갔다가 다시 올라가는, 그뿐만 아니라 이 과정에서 애초 입안 내용이 조금씩 첨삭되면서 참신한 내용이 사라져버리게 만드는 의사결정 구조도 바꿔야 했다. 구청 내에 '혁신'의 바람을 불러일으킬 필요가 있었다.

이렇게 해서 생각한 제도가 '정책동장제도'와 '전문관제도'였다. 또 이런 혁신의 분위기 속에서 직원들은 창의력을 발휘해서 중앙부처 공무원도 하기 어렵다는 법 개정을 여러 건 이끌어내면서 주민과 관내 기업에 한 발 더 가깝게 다가설 수 있었다.

공무원 조직의 새바람, 정책동장제도

● 2007년에 들어서면서부터 각 지방자치단체마다 기존 인사행정의 틀을 깨고 좀 더 공정하며 효율적인 인사제도를 마련하려고 많은 노력을 했다. 특히 일부 지자체에서는 일하지 않는 직원 퇴출이나 무능 직원 별도팀 구성 등과 같이 뒤처지는 직원을 도태시키고 도려내는 데서 해결 방법을 찾고 있었다.

그러나 해운대구는 다른 자치구에 비해 전체적으로 직원이 부족한 편이었다. 무능 직원 퇴출보다는, 직원의 잠재 능력을 최대한 발휘시키는 데 초점을 맞추는 편이 나았다.

이런 새로운 시도 가운데 하나가 정책동장이다.

2006년 나는 구청장 재선 직후 다시 담당 과장과 팀장에게 정책동장제도를 검토해보라고 했다. 사철욱 총무팀장이 1주일쯤 뒤에 구체적인 안을 가지고 왔다. 먼저 서열이 높은 고참 사무관들을 정책동장으로 파견하고, 동장 책임 하에 어떤 일을 하든 마음대로 알아서 하도록 재량권을 준 다음, 마지막으로 이렇게 한 일을 평가단이 평가해서 점수로 매기고 승진에 반영하는데, 평가단은 주민 대표와 언론계 및 학계를 망라하는 것으로 잡았다. 이렇게 할 경우 승진 절차가 더욱 투명해지고 뒷말이 없을 것이라는 장점이 기대된다고 했다.

그러나 단점도 있었다. 고참 사무관으로서는 상당한 부담이 될 수밖에 없었기 때문이다. 아무튼 2007년 3월 인사 때 고참 사무관 3명을 정책동장으로 임명하고 일선 동으로 파견했다. 안신용(우1동), 추수호(반여4동), 권기웅(반송1동) 이렇게 세 사람이었다. 그리고 이들에게 관광객 유치, 수영강변 공원 관리, 일자리 창출이라는 과제를 각각 맡겼다. 그리고 아홉 달이 지난 뒤, 예정대로 평가회가 열렸다.

— 치열하고 열정적인 정책동장 평가회의

2007년 12월 6일 오전 10시, 해운대구청 5층 대회의실. 세 정책동장이 지난 아홉 달 동안 했던 실적을 평가하는 평가회가 열렸다.

평가단은 총 10명이었는데, 부구청장이 공무원으로 유일하게 참여해 평가위원장을 맡았고, 학계 2명, 시민단체 3명, 주민 대표 3명 그리고 부산시 고위공무원 출신의 시민 1명이었다.

전국적인 관심 속에 추진된 정책동장제였던 만큼 처음 실시하는 평가회에서는 당사자인 정책동장들뿐 아니라 이들을 보좌하던 사무장들과 직원들도 치열한 경쟁심을 숨기지 않았다.

여기서 주목할 점은 학계와 시민단체 대표로 나온 평가위원들은 주민 위주의 의사결정이 이루어졌느냐, 시책을 추진하는 과정에서 주민의 자발적인 참여를 얼마나 이끌어냈느냐 하는 점에 질문의 초점을 맞추었다는 데 있었다. 이런 사실은 지방행정의 최일선인 동 행정이 앞으로 나아가야 할 방향을 시사한다. 주민중심주의, 바로 그것이다. 이 평가회를 거치고 나서 반여4동의 추수호 동장이 서기관으로 승진했다.

전국 언론에서는 정책동장제도를 혁신적인 인사제도라며 긍정적으로 평가하며 대대적으로 보도했다. 그때 나는 연합뉴스와의 인터뷰에서 이렇게 말했다.

"고참 사무관이 관례적으로 승진하던 기존 틀을 깨고 경쟁을 통해 능력 있는 간부를 4급으로 승진시키기 위해 정책동장제를 도입했다. 인사 잡음을 없애고, 주민들의 호응도 좋아 지역 발전에 새로운 활력을 불어넣는 계기가 되었다."

곧바로 이어진 2월 말의 동장급 인사에서는 정책동장을 새로 4명 더 임명했다. 참고로 승진 심사의 전체 평가 비율은 근무평정 50%, 교육 20%, 다면평가 30%에 정책동장 평가 가점을 합산해서 최종 점수를 매기므로 정책동장 평가 순위가 그대로 승진 순위가 되는 것은 아니다. 승진을 못한 동장은 한 번 받은 평가평점을 가지고 그다음 차에 평가되는 동장과 함께 승진대상에 포함되어 다시 승진 기회를 가진다. 이런 방식에 의해 안신용, 권기웅 동장도 승진되었다.

— 정책동장제도, 조직에 활력을 불어넣다

정책동장제도의 효과는 내가 상상했던 것 이상이었다. 기본적으로 이 제도는 동장의 위상을 바꾸어놓았다. 주민공동작업장도 바로 이 정책동장제도를 통해서 생겨났다.

정책동장은 주민의 의견에 적극적으로 귀를 기울이고 가려운 곳을 긁어주는, 주민들을 위한 시책을 개발해야 한다. 그러니 정책동장에 임명되는 사람은 누구나 그 순간부터 단순한 관리자가 아니라 창의적인 기획자이자 CEO가 될 수밖에 없다. 아울러 동장은 관내 주민을 위한 사업을 적극적으로 펼쳐야 하므로 동 단위 사업이 활성화된다. 달리 말하면 풀뿌리 민주주의의 말단 풀뿌리가 튼튼해진다는 뜻이다.

이런 변화는 현대 행정이 나아가야 할 방향과도 일치한다. 또 이렇게 일선 동에서 CEO로 야전 경험을 쌓고 구청으로 돌아와 국장이 될 경우, 어떤 사안에도 유능하게 대처할 수 있는 능력을 갖추게 된다.

물론 이 제도가 보완해야 할 점도 있다. 정책동장이 다른 일반 동장보다 업무량이 막대하기 때문에 사무장을 비롯해서 그 아래 직원들까지도 일을 더 많이 해야 한다. 그런데 일에 따른 공과는 오로지 정책동장만 가져가고 다른 직원들에게는 아무런 보상이 주어지지 않는다. 이런 문제를 개선하려고 정책동장 이외의 동 직원들에게도 인센티브를 부여하는 방식을 검토했는데 생각처럼 쉬운 문제는 아니다.

전국 최초로 이 제도를 시행한 뒤 우리 구는 언론의 스포트라이트

정책동장제도의 효과는 내가 상상했던 것 이상이었다. 기존 체제에서 동장은 구청에서 결정된 사항이나 지시된 사항을 그저 집행하는 일만 했다. 그러나 정책동장은 주민의 호응을 얻어야 하고 또 그런 내용으로 평가를 받아야 할 처지이기 때문에, 스스로 창의적으로 일을 찾고 또 만들어야만 했다.

를 받았다. 이 제도가 창의적 우수사례로 뽑힘으로써 여러 지방자치단체에서 자료를 요구하거나 벤치마킹을 하기 위해 직접 우리 구를 방문하기도 했다.

그럼에도 이 제도를 시행하는 기초지자체는 의외로 없다. 부산 강서구에서 정책동장제도를 약간 변형시켜 정책사무장 제도를 시행하고 있는 것 정도다. 일선 동에 파견되는 사무장은 보통 신참 6급인데, 부산 강서구에서는 고참 6급을 파견해서 일선 동 행정의 새바람을 일으켜보자는 취지로 우리 구가 의도했던 취지와 비슷하다.

정책동장제도는 누가 봐도 조직에 활기를 불어넣는 혁신적인 제도이며 궁극적으로는 주민 자치의 풀뿌리를 튼튼하게 만드는 제도인데, 어째서 이 제도가 전국으로 그야말로 불붙듯이 확산되지 않을까? 가장 큰 이유는 기초단체장의 의지가 부족하기 때문이다. 조직 내부의 반발을 극복하고 나갈 수 있는 용기와 조직 운영의 경험 등 혁신과 돌파의 리더십을 발휘해야 하는데, 이게 말처럼 쉽지 않기 때문이다. 조직 혁신이 이루어지려면 CEO의 자기 혁신이 전제되어야 하는 까닭도 바로 여기에 있는 것이 아닐까.

전문가만이 할 수 있는 일, 전문관제도

● 해운대구에서 전국 지자체 최초로 시작한 혁신적인 또 하나의 인사제도가 있다. 바로 전문관제도다.

앞서도 공무원 조직의 문제점 중 하나로 지적했듯이 사람이 자꾸 바뀌는 문제는 특정 업무를 일관성 있게 처리해나가는 데 상당한 걸림돌이 된다. 가령 어떤 업무에 직원이 발령을 받아서 어느 정도 시간이 지나 일을 제대로 익힐 만하면 다른 업무 다른 부서로 발령을 받아서 떠나버린다. 심지어 팀장과 직원이 한꺼번에 이동해서 업무 추진 자체가 실종될 위기에 처하기도 한다. 이런 상황에서 그 업무에 대해서 전혀 알지 못하는 직원이 발령을 받아서 온다. 단순한 업무를 수행하는 부서 혹은 보편적인 능력을 필요로 하는 부서가 아니라면, 다시 말해서 전문적인 능력을 필요로 하는 부서 및 그런 업무라면, 이런 식의 인사제도는 낭비도 이만저만 낭비가 아니다. 심지어 전문성을 필요로 하는 업무라 힘들고 업무량도 많지만 여기에 따른 보상이 없기 때문에 직원들 사이에 인기도 없다.

그래서 나는 이런 문제를 해결할 방안으로 전문관이라는 제도를 시행했다. 전문성을 필요로 하는 업무에 한해 직원들이 장기 근무를 선택할 수 있도록 유도해서 해당 분야의 전문 인력을 육성하는 게 목적이었다.

좀 더 구체적으로 말하면, 장기간의 직무 경험 또는 특수한 전문성이 요구되거나 지식정보화 사회로의 변화, 국제화에 대응하여 특별히 경쟁력을 필요로 하는 직위, 그리고 지방자치단체별로 그 역할이 중요함에도 직원들이 일반적으로 기피하는 업무에 보직과 승진이 연계되는 인력을 배치함으로써 개인과 조직의 목표를 일치시켜 업무 의욕을 한층 높이자는 것이었다.

이런 내용을 전제로 전문관 지정은 계속성과 전문성의 축적이 필요한 업무로 한정하고, 주민 생활과 밀접하면서도 장기간 경험과 노하우를 쌓아야 하는 업무에 한해 직원들의 신청을 받되, 경력·학력·자격증·전공분야·훈련실적 그리고 본인 희망 등을 참고했다.

이렇게 해서 2007년 7월 1일, 소송 업무, 특구추진 업무, 생활폐기물 운반 및 처리대행 업무, 자원봉사자관리 업무, 외국인지원 업무, 교통체계 개선 및 영향평가 업무, 디자인 업무 등 7개 업무에 7명의 전문관을 지정했다. 직급은 특별하게 정하지 않아 6급 1명, 7급 5명, 8급 1명이었다.

그런데 사실 이 제도는 우리 구만의 독창적인 제도는 아니었다. 국세청에 이미 이 제도가 있었다. 정확하게 말하면, 국세청의 그 제도를 '창조적으로 모방'해서 구정에 도입한 것이다.

이 제도의 시행 초기에는 "웃기시네, 자치구에 무슨 전문관이 필요하다고?" "어차피 한 2년만 근무하면 누구나 다 전문관 되는 거 아닌가?" 하는 식의 비아냥거림이 돌았던 것도 알고 있다. 그러나 이런 부정적인 시각과 무관심은 적극적인 홍보와 파격적인 인센티브 제시(예를 들어 소송 업무의 경우 현재 승소 포상금 10만 원, 포상금 합계는 예산 범위인 200만 원 이내) 등으로 점차 바뀌기 시작했고, 실제로 기존의 전문관들은 이 제도 시행 초기에만 해도 미처 예상하지 못했던 놀라운 성과를 냈다.

— 눈에 띄는 성과로 이목을 끌다

실제로 교통 업무 전문관이었던 교통행정과의 강경옥 주무관은 해운대구의 교통체계를 분석하고 연구해서 모노레일 사업, 해상교통수단 개선, 장산 제3터널 건설, 기존도로 확장, 현 도로망 활용 등 여러 가지 발전 계획을 제시한 '해운대구 교통 마스터플랜'을 작성했는데, 내용이 워낙 탁월해서 부산시가 이 방안을 장기 교통계획으로 수용할 정도였다.

소송 업무 전문관인 기획감사실의 이명옥 주무관은 2011년 12월에 행정안전부로부터 '지방행정의 달인'으로 선정되었다. 지난 5년 동안 해운대구를 상대로 한 행정소송 및 민사소송 사건의 84%인 259건을 맡아서 승소율 94%를 기록함으로써 예산을 절감한 공로를 인정받은 것이다.

한 가지 덧붙이자면, 우리의 전문관제에 자극을 받아서 조직 경쟁력을 강화하고 해당 업무의 전문가를 키워나간다는 취지로 10년 이상 한 업무에 장기간 근무하는 전문관제를 도입한 광역시도 있다. 전문관제라는 혁신적인 인사제도가 가진 장점을 인정받았다는 성취감도 얻은 셈이다. 지방행정의 효율화와 직원 개개인의 직무 만족도, 그리고 예산 낭비 절감을 위해서도 이 제도가 전국의 지자체로 확산된다면 좋겠다.

이 밖에도 해운대구는 2011년 1월에 '직위공모제'와 '드래프트제'를 도입했다. 직위공모제는 구청의 초급간부인 6급 팀장급을 대상으로 솔선수범하는 분위기를 확산시키고자 도입했다. 기피 부서나 격무 부서, 그리고 주요 부서에 공모를 거쳐 희망자를 배치하고 성과를 낼 경우 승진심사 때 특전을 부여하는 제도다.

드래프트제도는 6급 이하 공무원 대다수를 내부 인력시장에 내놓고 실·과·국장들이 함께 일하고 싶은 사람을 선택하는 제도다. 능력이나 성과보다 청탁에 의존해 자신의 인사 문제를 해결하려는 공무원을 도태시키기 위한 제도로 본인의 능력과 성격에 맞는 희망부서를 1년에 한 번씩 정기적으로 신청을 받아서 진행하고 있다.

서열을 파괴하라, 발탁의 인사제도

어느 조직이나 마찬가지이지만 승진도 절차와 체계에 따라서 이루어진다. 구청 직원의 승진은 부구청장을 위원장으로 하는 인사위원회(근무평정위원회)에서 결정한 승진 대상자 서열을 기본으로 한다.

원칙대로 하자면 인사위원회에서 정한 서열에 따라 승진 대상자를 구청장이 확정하기만 하면 된다. 하지만 나는 이 서열의 일부를 파괴하는 이른바 '발탁'을 공언했다. 발탁이라는 것은 일단 배수 안에 들어 있는 후보자 가운데서 인사위원회에서 결정한 서열을 따르지 않고 승진을 결정하는 것인데, 7급에서 6급 승진 이하에 대해서는 전체 승진자의 30%를 발탁으로 결정하겠다고 (즉, 승진할 인원이 10명이라면 이 가운데 3명은 전체 배수 안에 들어 있기만 하면 내 권한으로 승진 결정을 내리겠다고) 했고, 6급에서 5급 승진에 대해서는 전체 승진자의 50%를 발탁으로 결정하겠다고 천명했다.

원래 인사는 한 사람을 승진시키면 세 사람이 불만을 품을 수밖에 없는 문제다. 특히나 공무원 조직에서는 민간 기업에 비해서 다른 인센티브가 많지 않으므로 직원들의 가장 큰 관심거리는 승진 문제가 될 수밖에 없다. 나는 이 승진에 관한 구청장의 권한을 활용해서 열심히 일하는 직원은 어떻게든 인사상 혜택을 받을 수 있게 했다.

발탁이라는 혁신적인 권한으로 조직에 활기를 불어넣고 싶었다. 하지만 그렇다고 개인적인 정실에 따라서 이 권한을 사용한 적은 없다. 발탁 승진의 기준을 구정 현안을 창의적으로 추진해 예산절감이나 문제해결에 공헌한 사람, 헌신적인 업무추진으로 현저한 성과를 거둔 사람, 대통령상 이상의 표창을 수여한 사람으로 분명하게 정했다. 앞에서도 언급했지만 나는 우리 구청 직원의 능력이나 성격 그리고 적성을 될 수 있으면 많이 파악하려고 늘 노력했다. 그런 까닭에 우리 직원들이 각자 뭘 잘하는지 알고 있었고, 적재적소에 필요한 인력을 배치할 수 있다는 자신감이 있었다.

반대로 변화를 외치고 혁신을 주문하는데도 타성에 젖어 한 귀로 듣고 한 귀로 흘리는 직원들이 있다. 그렇다고 이들에게 채찍을 휘두를 수는 없는 일이다.

공무원 사회에서는 어떤 직원이 법적으로 문제가 되는 행위를 하지 않는 한 이 직원을 조직에서 쫓아낼 수 없기 때문이다. 이들에게 채찍을 휘두르지 않는 대신 승진에서 불이익을 줄 수는 있다. 그것이 내가 휘두르는 채찍의 최대한이다.

사실, 아무리 평판이 좋지 않은 직원이라 하더라도 얼마든지 자기 몫을 할 수는 있다. 예컨대 알코올중독이든 게임중독이든 간에 이런 고약한 정신적인 병에 걸려서 업무를 제대로 처리하지 못하는 직원이 있다고 치자. 그래도 이런 직원은 차량 배기가스 단속과 같은 단순 업무를 맡기면 얼마든지 잘할 수 있다. 구청의 수입 지출 관계로만 따지자면, 자기가 받는 연봉의 몇 배를 위반 차량에 매기는 과태료로 벌어들일 수도 있는 것이다.

어찌 되었든 간에 전문관제도나 발탁의 인사 등은 공무원 조직의 인사제도가 가진 허점을 보완하고 개선하는 효과를 충분히 가져다 준 혁신적인 조치 중 하나였다고 자부한다.

법이 모든 것을 해결해주지 않는다

일선 구청에서 일을 하면 불합리한 법이나 법 해석에 대한 이견 때문에 업무를 추진하는 데 난항을 겪을 때가 간혹 있다. 그래서 해당 부처에 법령 개정 건의를 하고는 있지만, 그것 또한 쉬운 일이 아니다. 주민에게 이익을 주려고 법 개정을 하지만, 그 바람에 오히려 손해를 보게 되는 사람도 있기 때문이다. 그러나 법 제정 취지를 생각한다면 공무원은 응당 이런 데 들이는 노력을 힘들다고 생각하지 말아야 한다.

하지만 말이 쉽지 현실에서는 결코 쉽지 않다.

2007년에 해운대구청의 한 직원이 그런 현실에 맞닥뜨렸다. 관광문화과의 김성환 특구추진팀장이었다. 10월 초순에 해운대구의 센텀시티에 롯데백화점이 들어서면서부터 그 일은 시작되었다.

롯데시네마 영화관 관장이 영화관 준공을 여섯 달 앞두고 우리 구청의 담당 팀장을 찾아왔다. 팀장은 여섯 달 전 해운대 좌동 장산역 부근에 있던 씨너스 영화관의 사례를 들려주었다. 씨너스 영화관으로부터 사업자 변경신고가 들어와서 시설물 점검을 나갔더니 영화관 맨 뒤쪽 열이 안전대피 통로임에도 좌석으로 꽉 채워져 있었다. 그래서 법 규정에 맞게 전체 10개 관의 맨 뒷좌석 의자 300여 개를 다 뜯어내야 허가를 내주겠다고 했고, 씨너스는 한 달에 걸쳐 철거 공사를 했으며, 그런 사실을 확인한 후에 변경 허가를 내줬다는 이야기였다.

그런데 나중에 롯데시네마가 허가를 신청해서 현장에 가보니 비상통로를 확보해야 할 공간이 좌석으로 채워져 있었다. 담당 팀장은 허가를 내줄 수 없다고 했고, 그때부터 시비가 시작되었다. 사실 영화관 허가는 담당 과장 전결사항이다. 부서 내에서는 사소한 일 가운데 하나인데, 롯데 측에서는 구의원, 시의원, 정치인을 통해서 무려 여덟 차례에 걸쳐서 담당자들을 압박했다.

— 법까지 바꾼 소신 행정

사실 롯데와는 낯선 사이가 아니었다. 롯데백화점이 입점할 때 해운대구 주민을 우선적으로 채용하겠다는 내용의 MOU까지 체결한 사이였고(이 협약으로 나중에 우리 구의 주민 300명이 롯데백화점에 취직하게 되었다), 이 과정에서 롯데백화점의 고위 간부들과도 잘 알게 되었다. 게다가 롯데에서 오랜 지인을 앞세워서 은근히 압박을 해온 만큼 대놓고 나 몰라라 할 수는 없었다. 그래서 담당 팀장과 과장을 청장실로 불렀는데, 특구팀장의 설명은 이랬다.

'영화 및 비디오물의 진흥에 관한 법률' 시행규칙 제8조 및 별표 1의 규정에 따르면 영화관 제일 뒤쪽에 통로를 1미터 이상 확보해야 하는데, 이 규정을 지키지 않았으므로 등록을 허가할 수 없다고 했다. 그런데 롯데 측 이야기는 달랐다. '관람석과 내부 벽 사이에 폭 1미터 이상의 통로를 설치할 것'이라는 규정이 있지만, 극장 뒷벽은 법률 문구에서 말하는 '내부 벽'이 아니라는 말이었다. 이를 근거로 롯데 측 인사는 강하게 반발했다.

"전국의 다른 극장들이 다 그렇게 하고 있는데, 굳이 왜 해운대구청에서 지금 이것을 문제 삼지요? 형평의 원칙에도 어긋나는 것 아닙니까?"

그러자 담당 팀장이 주섬주섬 서류 하나를 꺼내놓았다. 문화체육관광부에도 질의를 했는데, 회신 결과 공문이라고 했다.

"관행을 이유로 법의 취지를 벗어난 등록 허가는 다중이용시설에 대해 주민들의 안전을 확보할 수 없다. (…) 그리고 허가를 해준다면 기존 등록한 영화상영업자로부터 형평성 논란이 제기되어서 소송 등 제2의 민원 발생이 예상된다"는 내용이었다.

하지만 롯데 측을 대변하는 지인은 여전히 완강했다. 아닌 게 아니라 전국 대다수 영화관들이 맨 뒤쪽에 대피통로를 마련해야 함에도 좌석을 설치하고 있었다. 심지어 맨 뒷좌석을 '노블레스석'이라고 이름 붙여 일반보다 비싼 요금을 받는 곳도 있었다. 딴은 롯데 측의 주장도 일리가 있었다. 게다가 롯데백화점과 같은 대규모의 쇼핑센터가 우리 해운대구에 입점한다는 것은 우리 구로서는 지역경제 활성화와 일자리창출 측면에서 쌍수를 들어 환영해야 할 처지였다. 그리고 평소 나는 해운대를 '기업하기 좋은 도시, 일하기 좋은 도시'로 만들기 위해서 해운대구에 입점하는 기업에 대해서는 최대한의 지원을 하라는 지시를 직원들에게 누누이 하고 있던 터였고, 롯데백화점과는 서로 적극 돕겠다는 내용으로 MOU까지 체결한 상태였다. 그래서 나는 팀장과 과장에게 긍정적으로 검토해보라고 했다. 하지만 그 뒤에도 팀장은 두 차례나 더 나를 찾아와서 도저히 안 되는 사안이라고 설명했다. 나도 더는 뭐라고 말을 할 수 없었다. 소신을 가지고 법대로 해보라고 했다.

나도 불가 쪽으로 돌아서자 롯데 측에서는 KBS 방송국 기자에게 해운대구청이 무언가 다른 속셈을 가지고 허가를 내주지 않는 것 아니냐는 식으로 말을 흘려서, 구청 출입기자가 이 문제를 취재하려고 했다. 나중에 들은 이야기지만 팀장은 서류 파일 두 개를 통째로 기자에게 건네주면서 잘 읽어보고 질문할 거 있으면 하시라고 했다.

처음에 기자는 전국적인 사항인데 허가를 내주지 않는 구에 뭔가 문제가 있는 것 아니냐는 시각으로 접근했다가, 나중에는 이 사안이 기획보도감이라고 판단하고 대기업이 시민의 안전보다 이익을 챙기려 한다는 내용으로 사흘 연속 보도했다. 그런 다음 다중이용시설의 시민 안전을 위해서는 마땅히 관련 법령을 개정해야 한다는 식으로 결론을 내렸다.

그 후 담당부서는 일련의 자료를 첨부해서 법 개정을 꾸준히 건의했고, 마침내 2008년 12월 30일 영화 상영관 시설기준 관련법이 당초 "관람석과 내부 벽 사이에 폭 1미터 이상의 통로를 설치할 것"에서 "관람석과 내부 벽(좌·우·앞·뒤) 사이에 폭 1미터 이상의 통로를 설치할 것"으로 개정되었다.

법령 개정 후 전국적으로는 1,000개의 영화 상영관 15만 개 이상의 관람석이 2009년 6월 30일까지 철거되었다.

법률에 갇힌 기존의 통념을 뒤집어 법 개정이라는 혁신을 이루어낸 순간이었다. 비록 처음에는 뜨뜻미지근하다가 나중에야 손을 들어주었던 약간은 못난 CEO였지만, 나 또한 함께 앞장서서 그 쾌거를 이룬 것처럼 기뻐했다.

세금보다 중요한 지역 치안

법 개정까지 이끌어낸 혁신 사례는 영화관 비상통로와 관련된 것 외에도 더 있다. 2010년 2월, 부산에서 엽기적인 살인 사건이 일어났다. 이른바 '부산 여중생 살해 사건'이었다.

이 사건의 범인 김길태가 범행을 저지른 장소는 부산 사상구의 덕포동 재개발 지역이었다. 피해자는 이 지역에 있던 빈집으로 끌려가 성폭행을 당한 뒤 살해되었고, 시신은 옥상 물탱크에 버려졌다. 그 후 범인은 체포될 때까지 이 지역에 수없이 널려 있는 빈 집에서 은신했다.

쉽게 범행 장소로 사용될 수 있는 이런 환경이 해운대구에도 많이 있었다. 반송동과 반여동 재개발 예정지역에는 정책이주지라는 특성상 건물 규모가 작은 폐·공가가 많이 방치되어 있다. 이렇게 된 이유 가운데 하나는 폐·공가의 소유주가 이 집을 방치할 때보다 철거한 뒤에 세금을 더 많이 내게 되어 있기 때문이었다. 철거를 하지 않고 방치하면 건물에 대한 재산세만 내면 되는데, 철거를 하면 세율이 약 50%나 더 높은 토지에 대한 재산세를 내야 하기 때문이었다. 그러니 특히나 경제적인 어려움을 겪는 사람이라면 굳이 돈을 들여서 건물을 철거하고 또 그 뒤에 더 높은 세금을 낼 이유가 없었다.

앞에서도 언급했던 반송동의 파크랜드 폐기숙사 역시 이런 까닭으로 철거되지 않은 채 우범 공간으로 방치되어 있던 것을 구청이 행복나눔센터 부지로 매입한 것이다. 폐·공가를 방치하면 쉽게 우범지역이 되어버리기 때문이다.

이런 불합리한 점을 고치려고 해운대구에서는 재개발·재건축 지역 철거 주택에 대한 과세표준 적용비율을 토지가 아닌 주택 기준으로 산정해줄 것을 행정안전부에 건의했다. 또 다른 한편으로는 부산시의 협조를 얻어서 우선 해당 지역에서 건물을 철거한 뒤 재개발이 이루어질 때까지 토지를 주차장이나 쌈지공원과 같은 공공용으로 제공할 경우 세금을 부과하지 않기로 했다. 이에 부산시는 재개발 지역이 아니라 하더라도 폐·공가를 철거한 뒤에 토지를 사용하지 않고 또 여기에서 수익이 발생되지 않을 경우 1년에 한해서 비과세를 하기로 했다.

이런 조치 덕분에 폐·공가 소유자가 경제적인 부담을 덜고 철거를 할 수 있도록 유도했다. 이때가 2010년 4월이었는데, 부산시가 이렇게 서둘러서 조치를 취한 데는 김길태 사건의 여파가 크게 작용했다. 아닌 게 아니라 부산지방경찰청이 4월 초 관내의 폐·공가 밀집 지역을 집중적으로 수색한 결과 사기 수배자 및 성범죄 용의자 4명을 검거했던 것이다.

불합리한 납세 구조를 개선하라

구정을 꼼꼼하게 살펴보면, 당연하게 시행되어야 할 일이 전혀 엉뚱하게도 시행되지 않는 구석이 더러 있다.

부산에서는 체납자가 체납액을 완납한 뒤에 자기 소유의 부동산에 가해졌던 압류를 풀려면 통상 압류해제비라고 불리는 체납처분비 1만 5,000원을 내야 했다. 그런데 국가와 일부 지자체에서는 이것을 폐지했음에도 부산시에서는 여전히 이 돈을 징수하고 있다는 사실을 발견했다. 형평성에 어긋나는 조치였다. 게다가 체납액을 완납하고도 압류해제비 미납으로 압류해제 조치가 이뤄지지 않아 이중고를 겪고 있다는 안타까운 사연도 적지 않았다. 그래서 2008년 9월에 부산지역 구청장군수협의회를 통해서 압류해제비 폐지를 부산시에 건의했고, 다행히 이 건의가 받아들여졌다. 이를 통해 더 이상 피해를 입는 사람들이 생기지 않았으면 좋겠다.

— 지자체 등기 수수료 면제

지자체의 예산이 넉넉하지 못함은 앞에서도 몇 차례 이야기했다. 그런데 없는 살림을 더 어렵게 만드는 억울한 일이 또 있었다. 지자체가 대법원에 부동산 등기신청을 하거나 지방세 등의 체납처분으로 인해 부동산 압류 또는 해제를 촉탁할 때 수입증지 2,000원을 첨부해야 하는데 반해 국가기관은 등기수수료를 부담하지 않는다는 점이었다.

해운대구청만 하더라도 2006년에만 5,435건에 대해서 1,300여만 원을 등기신청 수수료로 지출해야 했다. 30년 넘게 세무 관련 일을 했던 내가 보기에 이런 사실은 명백하게 형평성에 위배되는 사항이었다. 이 문제를 억울하게 생각하던 중에 어떻게든 바로잡아야겠다고 생각했고, 2008년 5월에 열린 부산지역 구청장군수협의회에서 '지방자치단체 등기신청 수수료 면제건'을 중앙정부에 건의했지만 세법 개정이 보류되었다.

지자체의 예산 문제에 적지 않은 영향을 미치는 사안인 만큼 이 문제도 언젠가는 해결되리라 기대한다.

6장

난관이 더 이상 난관이 아닐 때

— 돌파

세금과 예산,
두 마리 토끼를 잡아라

● 어떤 일을 추진하다 보면 난관에 부딪힐 때가 있다. 이런 어려움을 피해갈 수 있으면 다행이지만 그렇지 못할 경우에는 과감히 돌파해야 한다. 유능한 리더라면, 그리고 또 성공한 CEO라면 이런 돌파의 의지는 물론이고 이에 필요한 기술을 가지고 있어야 한다.

공무원 생활을 하면서 조직의 인화단결이 얼마나 중요하며 또 전문적인 역량으로 조직의 업무를 장악하는 것이 얼마나 중요한지 깨달았다. 공무원 생활을 시작하기 전 사기업을 경영했을 때는 비즈니스 마인드를 가지고 빠르게 의사결정을 내리거나 때로는 융통성을 발휘하고 때로는 과감하게 밀어붙이며 성과를 내는 것이 CEO로서 기본적으로 갖춰야 하는 책무임을 습득했다.

이런 경험들이 해운대구청장으로 있으면서 맞닥뜨려야 했던 여러 난관을 돌파하는 데 힘이 되었다. 앞서 예로 들었던 스마트행정의 지평을 열었다는 평가를 받은 빅데이터분석팀을 처음 착상해서 신설하는 데까지 걸린 시간도 채 석 달이 되지 않았다. 구체적인 계획을 잡고 추진한 기간만 따지면 한 달 보름밖에 되지 않았다. 정화조 민원 해결 사례에서처럼 '안 되면 되게 하라'는 민간 기업적 발상의 돌파력이야말로 해운대구의 CEO로서 나름 성공을 거둘 수 있었던 리더십의 또 다른 한 축이라고 생각한다. 이런 돌파의 리더십이 있었기에 해운대구는 수없이 많은 '최초'를 열 수 있었다.

이처럼 어떤 상황에 부딪혔을 때 돌파를 하려면 꾀바른 수를 내야 한다. 그러려면 경험에서 우러나오는 노련함이 필요하다.

— 지자체의 해묵은 숙제, 체납세 징수

2004년 보궐선거로 해운대구청장이 된 뒤에, 구의 재정 형편이 굉장히 어려운데도 체납된 세금 규모가 1년 예산의 4분의 1이나 된다는 사실을 파악하고는 체납된 세금을 강력한 조치를 취해서 거두어들이려 했던 적이 있었다. 하지만 조직 안팎의 반대로 뜻을 이루지 못했다.

그러다가 재선에 성공한 다음해인 9월에 드디어 칼을 빼들었다. 2007년 7월 말 기준으로 해운대구청이 거두지 못한 체납액은 지방세 323억 원, 세외수입 243억 원 등 총 566억 원이었다. 어느 새 체납액은 구청 1년 예산의 3분의 1이나 되었다. 체납건수도 15만 건이나 되었다. 해운대구 세무과 직원 50명만으로는 도저히 정리가 되지 않을 것 같다는 판단에 해운대구의 626명 직원을 모두 동원하기로 했고 기간을 두 달로 잡았다. 체납액 정리를 두 달로 잡은 것은 단기간에 집중해야만 효과가 있음을 오랜 세무공무원 경험을 통해서 알고 있었기 때문이다. 그래서 해운대가 가장 바쁜 계절인 여름 해수욕시즌이 지나고 다음해 업무계획과 예산을 짜야 하는 연말을 피해서 9월과 10월 두 달 동안 집중하기로 했다.

체납건수가 워낙 많았기 때문에 집중 징수 대상자를 생계형 체납자가 아닌 고액체납자들로 한정했다. 당시 해운대구는 30만 원 미만의 체납자를 생계형 체납자로 규정했는데, 이 사람들의 체납금액은 전체의 약 30% 정도였다.

이렇게 전 직원을 동원하면서까지 체납액 정리에 나섰던 것은 단지 세금을 더 걷어서 세수를 늘리자는 목적 때문만은 아니었다. 세무과 직원들이 감당할 수 없을 정도로 늘어나 있는 체납액 규모를 줄여서 악순환의 고리를 끊자는 것도 중요하게 설정한 목적이었다. 즉, 도저히 받아낼 수 없는 체납액은 법에서 허용하는 결손(어떤 사유가 발생해 징수를 중지 또는 소멸시키는 처분)이라는 방법으로 정리를 해서 세무과 직원들의 부담을 덜어주자는 것이었다.

어쨌거나 세무공무원 경험이 있는 나는 이를 기회 삼아 체납세를 징수하는 노하우를 직원들에게 가르쳐줄 수 있었다. 첫째, 고액체납자가 체납세를 내지 않으려고 재산을 다른 사람에게 허위로 이전시켜 압류하지 못하게 한 경우에는 그 사실을 취소시켜서 체납세를 받아내도록 했다. 둘째, 경영 악화로 체납액이 많이 밀린 법인으로부터 압류할 수 있는 부동산이 없는 경우 무체재산권인 영업권 등을 압류하여 채권을 확보할 수 있도록 직원들에게 주지시켰다. 셋째, 재산을 신탁회사에 이전하여 체납처분이 불가능한 법인 체납액을 징수할 때는 신탁부동산수익권 압류를 통해서 체납세를 징수하게 했다.

직원들은 죽을 노릇이었다. 기본적으로 수행하는 업무 외에 체납액 징수라는 업무를 추가로 해야 했고, 개인별로 건수와 금액을 할당한 다음 개인별 및 부서별 목표치를 정해놓고 사정없이 독려했기 때문이다. 게다가 세금을 체납할 정도로 여유가 없는 사람이라면, 혹은 그렇게 뻔뻔한 사람이라면 전화 몇 통만으로 세금을 낼 턱이 없었다. 그렇기에 직원들은 체납자들을 일일이 찾아나서야 했다. 그러니 이들의 고충이 얼마나 컸을지 짐작할 수 있다.

이렇게 전 직원이 총동원되어 노력한 결과 전체 체납액 566억 원 가운데 57억 원을 징수하고 68억 원은 결손 처분하는 큰 성과를 거두었다. 공이 큰 직원들을 포상했고, 성실하게 세금을 내준 주민들에게는 감사편지를 보냈다.

이렇게 거둬들인 세금은 구청 내부적으로 어려운 재정난을 극복하는 데 큰 도움이 되었고, 세금은 반드시 내야 한다는 인식을 주민들에게 심어주었다.

무엇보다도 이 일을 통해서 거둔 더 큰 성과는 직원들이 얻은 자신감이었다. 엄두조차 내지 못한 채 그저 손만 놓고 있던 일을 어떻게든 해내고 나자 직원들은 '하면 된다'는 자신감으로 타오르며 눈빛부터 달라졌다. 난관을 성공적으로 돌파해낸 승자의 눈빛이었다. 나 역시 무시할 수 없는 경험과 우직한 뚝심으로 난관을 성공적으로 돌파하도록 이끈 리더라는 평가와 신뢰를 직원들로부터 받을 수 있었다. 나로서는 최고의 보상이었다.

민선 5기 제6대 해운대구청장으로 취임한 다음해인 2011년에도 우리 구는 대대적으로 체납세 징수에 나섰다. 해운대구는 반여·반송·재송동 지역과 우·중·좌동 지역 간의 경제·문화적 차이가 심하다. 복지 확대를 통해 지역 간 격차를 줄이려고 노력하지만, 일부 고액체납자들의 비양심적 납세 행태 때문에 주민들 사이에 상대적 박탈감 및 불신감이 팽배해 있다. 호화사치 생활 탈세자에게 세무행정력을 집중하는 게 무엇보다 시급하고 절실한 과제다.

이러한 문제에 골몰하던 2011년 초는 주식시장 활황으로 주가가 한창 상승하는 추세여서 1인 1CMA(종합자산관리계좌) 혹은 1인 1펀드가 유행하던 때였는데, 각종 언론보도나 업무보고를 접하다 보니 의외로 펀드 또는 주식 등 수익증권으로 대규모 자금을 운용하면서도 체납세를 납부하지 않거나 법령을 악용하여 고의적으로 세금을 탈루하면서 호화사치 생활을 하는 경우가 많다는 것을 알았다.

성실하게 세금을 납부하고 있는 대부분의 주민들을 생각하면 어떻게든 비양심 체납자를 적발해야 했다.

그래서 체납자 가운데 수익증권으로 재테크를 하는 비양심 체납자들이 있는지 파악하라고 지시했다. 2011년 3월 국내 25개 증권사 조사 결과 체납자 39명이 15억 원의 수익증권을 보유한 사실을 확인했고, 수익증권을 압류 조치했다. 이 사람들은 수익증권 압류로 주식 거래가 불가능해지자 대부분 체납세를 자진 납부했다.

— 눈에 띄게 줄어드는 체납액

그 뒤 이 조치를 확대했는데, 2011년 6월부터 신용등급 8~10등급인 사회적 약자를 제외하고 일정 규모 이상의 예금을 보유한 체납자만 대상으로 압류에 나서서 국내 43개 금융기관에 체납자 1,138명의 수익증권 정보를 조회 · 의뢰한 뒤, 이들이 보유한 CMA와 펀드, 유가증권 등을 압류하는 방법으로 체납액 10억 1,100만 원을 징수했다. 부동산이나 차량을 압류하는 기존의 방식으로는 불량한 양심을 가진 고액체납자들의 탈세 앞에 눈 뜬 장님처럼 당할 수밖에 없기에 전혀 새로운 발상으로 접근했고, 이 접근법은 성공했다.

예를 들어 주식에 3억 원가량 투자하면서도 약 2,000만 원의 세금을 체납하고 있던 한 주민은 나를 직접 찾아와서 주식 압류에 강력하게 반발하며 압류를 추진한 직원에게 비난을 퍼부었다. 주식 투자를 통한 재테크로 목표이익 실현 후 세금을 납부하겠다며 먼저 압류를 풀어달라는 것이었다. 나는 헌법에 규정한 세금 납부의 책임을 설명하고 구정을 이해시켰다. 내 설명을 알아들었던 건지 아니면 어쩔 수 없었던 건지 그 사람은 체납세 전액을 자진납부했다.

또, 수년간 재산세 1,000만 원을 체납해오던 한 지역 유지는 해운대에서도 알아주는 땅 부자로 수십억 원대의 자산가지만 세금을 내지 않으려고 부동산을 배우자와 형제 명의로 돌려놓았다는 사실이 드러났다. 그는 구청의 예금 조회가 대개 관내 일부 은행을 대상으로 해서 형식적으로 이루어진다는 사실을 알고서는 시내 몇 군데의 마이너 은행 지점에 자금을 예치해놓았다. 하지만 나중에 우리 구가 부산시에 있는 시중 은행 500여 개 전 지점을 대상으로 예금을 조회한 뒤 은닉했던 예금이 드러나자 압류 사흘 만에 체납세 전액을 납부했다. (이런 체납액 징수 노력을 통해서 2007년 7월 말 기준으로 566억 원이던 해운대구의 체납액은 2012년 말 기준으로 298억 원으로 줄어들었다.)

이러한 업무추진 노하우를 우리만 알고 있어서는 안 되겠다고 생각하던 차에 그해 11월로 예정돼 있던 행정안전부 주관 '행정제도 선진화 우수사례 경진대회'에 참가하기로 했다. 우리 구는 주식압류 등 체납세 징수 업무 전반에 대해서 단계별 추진 방법과 세부적인 사항을 상세하면서도 최대한 이해하기 쉽게, 어느 지자체든 즉시 활용할 수 있도록 작성함으로써 '비양심 체납자 주식압류' 사례로 대통령상 은상을 수상했다. 이 상을 수상함으로써 문제 해결을 위한 창의적 돌파력도 인정받은 셈이다.

짠돌이 '이자수입 확충방안 5계명'

2010년은 정부가 추진한 감세정책의 영향과 복지사업의 지속적인 확대에 따라 재정난이 심각해져서 구정 운영이 가장 어려웠던 한 해였다. 지방세법 개정 등을 통한 감세정책은 구 세입의 가장 큰 세원을 차지하는 재산세와 세외수입을 감소시켰다. 이러한 세원의 감소에도 정부의 복지 분야에 대한 지원 확대, 지방선거 등 신규 현안 사업추진에 따른 세출은 오히려 58억 원 증가하여 가뜩이나 어려운 우리 구의 재정은 더욱 어려울 수밖에 없었다.

특히 이런 재정난이 심화되면서 공무원 인건비 등의 법정필수경비 101억 원이 예산에 편성되지 못해서 1회 추경예산 편성 및 46억 원의 차입이라는 극단적인 방법을 동원해야만 하는 사상 초유의 사태가 일어나기도 했다. 지금도 그때를 생각하면 아찔하다.

그때 전 직원이 한마음으로 예산 절약에 나서서 단결된 모습을 보여준 덕분에 재정난을 극복할 수 있는 다양한 해법이 개발되었다. 그 가운데 하나가 세무과에서 추진한 짠돌이 이자수입 확충방안이었다. 보유자금을 효율적으로 운용함으로써 이자수입을 늘리자는 것이었다. 그러나 이런 목적을 달성하기에 당시의 여건은 최악이었다. 자금을 조기에 집행함으로써 보유자금이 17.9% 감소했고(통상 연초에 정부 예산이 집행되는 데는 서너 달이 지연된다. 그래서 경제를 활성화시키기 위해서는 잠겨 있는 구청의 예산을 연초에 50% 이상 지출하게 된다), 마침 이자율도 급락한 시점이었던 것이다.

그런데 구청 내의 세무직 공무원 모임인 세정연구회에서 여러 차례 머리를 맞대고 의논해서 '이자수입 확충방안 5계명'을 마련했다.

1. 하루에 금고를 수없이 방문하여 당일수입을 즉시 예치하여 단 하루의 이자도 놓치지 말자.
2. 은행에 협조를 구해 매주 금요일 마감시간 이후에도 잔액을 모두 예치해 최소 3일의 이자라도 더 받자.
3. 지출당일에 자금을 배정하여 자금 사장을 최대한 방지하자.
4. 자금의 효율적 관리를 위해 여유자금은 장기예치하고 예비자금도 일정금리 이상으로 나누어 이원화하자.
5. 중도해지를 최소화하자.

이런 노력으로 2010년에는 2009년보다 1억 7,000만 원 더 많은 이자수입을 확보했다. 나중에 이 사례는 언론에서 자치단체의 모범적인 사례로 전파되었다.

이자수입을 늘리는 것은 누구나 다 아는 일이다. 그러나 안다고 해서 모두가 다 실천하지는 않는다. 아는 것이 실천으로 이어지는 데는 해내고야 말겠다는 의지, 그 의지를 뒷받침하는 공직자로서의 사명감 그리고 확실한 목표의식이 있어야 한다. 이런 점에서 우리 구청에서 작게는 구 재정 확충에 기여하고 나아가 국가의 재정 확충 방법론을 제공했다는 사실이 뿌듯하다.

당시에 나는 직원들의 이런 노력을 담당자 승진을 통해 보상했다. 하지만 말없이 잘 따라주고 함께 노력해준 세무직원 전체에게 표창을 하지 못한 점은 지금도 미안하게 생각한다.

이 노력은 지금도 계속되고 있다. 그런데 자금을 해운대구로 내려주는 부산시가 자금난을 겪자 문제가 생겼다. 예전에는 큰 금액의 자금을 집행일 며칠 전에 내려주던 것을 집행일 아침에 내려주기 시작한 것이다. 자금이 구청의 계좌로 아침에 들어와서 오후에 나가버리게 됨으로써 이자 확충이 어려워진 것이다. 이런 와중에도 2012년 이자수입이 11억 원에 달했고, 2013년에는 13억 원이 될 것으로 예상된다.

우여곡절 끝에 설립된 해운대구문화복합센터

2013년 9월 10일 오후 2시, 해운대구청 마당에서는 해운대구문화복합센터에 들어갈 사무용 가구 납품업체를 선정하기 위한 집기 품평회가 열렸다. 부산 지역에 사업장을 둔 가구업체들이 컨소시엄을 구성해 모두 3개 팀이 참가했고, 주민과 구의원, 공무원 등 40여 명으로 구성된 평가단이 디자인, 품질, 기능성을 중심으로 공정하게 심사해서 한 업체를 선정하는 행사였다.

굳이 번거롭게 이런 과정을 거친 것은 구정에 주민의 참여 폭을 넓혀 주인의식을 갖게 하고, 집기구입 및 예산집행에 한 점 의혹 없이 투명성을 확보하기 위해서였다. 이 행사는 해운대구민이 고대하던 해운대구문화복합센터가 문을 열 날이 코앞으로 다가왔다는 뜻이기도 했다.

해운대구문화복합센터가 건립되기까지는 숱한 우여곡절이 있었다. 그 많은 난관을 뚫고 최종적인 완공에 이르는 과정은 기업뿐만 아니라 지자체 행정에서도 돌파의 리더십이 얼마나 중요한지 확인할 수 있는 사례이기에 비교적 자세하게 설명하려 한다.

이미 1장에서 마린시티의 탄생 과정을 설명하며 현대산업개발과 대원플러스에서 해운대 주민을 위한 다목적 체육관 건립을 제시했던 상황을 언급했다. 현금으로 환산하면 285억 원인데, 이것을 기부채납하겠다고 했다.

그런데 민간업체에서 기부채납하는 이 환원금을 누가 관리할 것인가가 문제였다. 해운대구가 억지로 나설 수도 있었지만, 그렇게 되면 특혜다 리베이트다 해서 말이 많을 것 같았고, 게다가 법률적으로도 문제의 소지가 있었다. 그래서 주민이 원하는 시설을 짓고 그 과정을 감시할 수 있도록 민간협의기구를 만들자는 안을 냈고, 이렇게 해서 '해운대구 공공시설유치위원회'가 구성되었다.

다음으로 위원장을 누가 맡아야 할 것인지가 중요했다. 부산시장 앞에서 당당하게 해운대구의 입장을 주장할 수 있는 분이어야 했다. 고심 끝에 강남주 전 부경대 총장이 적임자라는 의견이 모였다.

이렇게 해서 구의원, 변호사, 건축사 등 각계각층의 인사들을 망라해 위원장 포함 17명으로 위원이 구성되었다. 마침내 2007년 3월 21일에 '해운대구 공공시설유치위원회'가 발족한 것이다.

위원회에서는 시행사에서 기부채납한 285억 원 가운데 10억 원은 마린시티 내 공공시설 건립을 위해 별도로 두고 275억 원으로 체육시설보다는 구민의 문화수준 향상을 위해 복합기능을 갖춘 건물을 짓자는 데 의견이 모아졌다.

그런데 이때 부산시가 그 사회 환원금은 당연히 부산시로 기부채납되어야 한다고 주장하고 나섰다. 도시계획 입안은 구에서 했지만 마린시티 조성부터 도시계획 결정까지 모든 일을 시에서 주관했다는 게 부산시가 꺼내든 이유였다.

협상이 시작되었지만 끝까지 버틸 생각은 없었다. 부산시의 재정도 열악하다는 사실을 잘 알고 있었기 때문이다. 그래서 전체 금액의 절반은 양보할 수 있되, 다만 그 절반도 해운대구민을 위한 사업에 써야 한다는 협상안을 마지노선으로 정하고 협상에 임하게 했다.

내가 일찌감치 공공시설유치위원회를 구성한 것은 주민 시설을 주민들이 주관해서 건립하도록 하자는 측면도 있었지만, 현행법상 지자체에서는 현금을 받을 수 없다는 점을 미리 간파했기 때문이었다. 그런데 부산시의 협상팀은 이런 사실을 미처 알지 못해 결국 우리 제안을 받아들일 수밖에 없었다. 부산시에서는 사회환원금 절반을 가지고 처음에는 센텀시티 내 제2벡스코 건립에 사용할 계획이었다가 이 계획을 바꾸어서 영상산업센터 건립에 사용했다.

— 인문자본 확충을 위한 시금석

해운대구 공공시설유치위원회는 137억 5,000만 원으로 해운대구 신청사 부지 내에 문화센터를 짓는 데 사용하기로 결정했다. 해운대구 신청사는 2000년도에 이미 건립 계획이 수립되었지만 예산 부족으로 미루어졌던 사업이었다. 그러던 차에 마린시티 사회환원금이 문화센터 건립으로 확정되자 사업은 급물살을 탔다.

그런데 2009년 7월초 전국 지방자치단체 신청사 건립을 보류하라는 행정안전부의 지시로 제동이 걸렸다. 2009년 9월 말 지방행정체제 개편방향이 확정될 예정인데, 그때까지 보류하라는 것이었다. (그 후 다시 2013년 12월까지로 보류되었다.) 신청사 건립을 위한 입찰안내서 용역이 완료된 시점에 사업을 보류하라니… 이 난관을 어떻게 돌파해야 할지 난감했다.

이 와중에 경기도 성남시청과 용인시청이 호화청사라는 여론의 질타가 빗발쳤고, 이런 여론 때문에 2010년 8월 공유재산 물품관리법령이 개정되면서 전국 지방자치단체의 청사 표준면적이 법적으로 규제되어 공공청사 이외의 어떠한 시설도 지을 수 없게 되었다. 부득이 해운대구의 신청사 건립 방향도 조정할 수밖에 없었다.

많은 논의 끝에 2011년 1월, 신청사에서 문화센터만 분리해서 별관으로 복합문화시설을 건립하자는 의견이 나왔고, 공공시설유치위원회도 이 안으로 최종 결정했다.

그런데 주민숙원 사업이던 신청사 건립을 잔뜩 기대했던 재송동 주민들이 이 소식을 듣고 반발하고 나섰다. 이 지역 주민들이 달랑 별관하나 짓고 신청사는 건립하지 않을 것이라고 짐작하면서 재송지역발전협의회를 주축으로 주민서명운동을 펼치며 반대에 나선 것

2013년 11월 9일 개관한 해운대구문화복합센터는 인문학도서관, 공연장, 취업정보센터, 문화프로그램실, 헬스장 외에도 주민들이 편리하게 민원을 볼 수 있는 현장민원실을 운영하고 있다.

이다. 나중에는 마린시티 주민들도 반발하고 나섰다. 마린시티에서 형성된 개발이익금을 왜 재송동 지역에 사용하느냐면서 사흘이 멀다 하고 시위를 했다. 애초에 마린시티 초고층 아파트를 허가할 때 부산시민과 해운대구민의 반발이 거셌으므로, 여기에 대한 보상으로 시행사 측에서 사회환원금을 내놓은 만큼 이 돈은 전체 구민의 이익에 맞도록 사용해야 한다고 설명했지만 들으려고 하지 않았다.

이 건물은 2013년 7월 주민 공모를 통해 '해운대구문화복합센터'라는 새로운 이름을 얻어 2013년 11월 9일 개관했다. 인문학도서관, 공연장, 취업정보센터, 문화프로그램실, 헬스장이 들어서고 주민복지과, 행복나눔과, 일자리복지사업단, 세계시민사회과가 이 청사로 옮겨가고, 또 반여·재송·반송 주민이 구청을 방문하지 않고도 편리하게 민원을 볼 수 있도록 현장민원실도 운영되고 있다.

이 건물이 해운대구의 인문학과 사회적 자본 발전을 위한 시금석이 되고, 또 상대적으로 낙후된 반여·반송·재송 지역의 발전과 주민 화합을 이끌어 내는 소중한 공간이 될 것이라고 기대한다.

기초지자체 단위에서 민간단체인 공공시설유치위원회와 같은 기구를 만들어서 민간업자로부터 사회환원금을 받아서 주민을 위한 사업을 결정한 사례는 일찍이 없었고, 우리 해운대구가 처음이었다. 해운대구 공공시설유치위원회는 그 뒤에도 한화건설이 반여1동에 아파트를 지을 때 5억 원의 사회환원금을 받아서 문화센터를 짓는 데 이 돈을 사용하도록 결정했다. 이 위원회는 지금도 위원들이 회비를 내면서 자체적으로 운영해나가고 있다.

모든 위기는 언젠가 기회가 된다

2007년에 '문화도시 해운대'라는 구정 패러다임을 내걸고, 해운대라는 지명을 낳게 한 고운 최치원 선생을 해운대구의 문화자산으로 만드는 작업에 착수했다. 최치원 기념관을 짓고 있는 중국 양주시 유양구와 접촉해서 2007년 1월에 양주시와 문화관광교류협정을 체결하고 유양구와는 자매결연을 맺었다는 이야기는 앞에서 했다. 협정을 체결하고 자매결연을 맺는 과정의 어느 저녁 만찬이었다. 많은 건배가 오가던 만찬에서 시장이 나에게 한 가지 제안을 했다.

해운대구청이 최치원 기념관에 최치원 동상을 기증하면 자기들도 해운대구에 정자를 기증하겠다고 했다. 문화관광교류협정을 체결한 마당에 그런 교류를 못할 이유가 없었다. 그래서 그러자고 했다. 가까이에 있던 〈부산일보〉 기자가 그 내용을 기사화해도 되겠느냐고 했다. 안 될 거 뭐 있느냐고 했다. 그런데 그게 실수라면 실수였다.

다음날 아침 동행했던 직원이 말했다.

"양주시에 동상을 기증하겠다고 하셨잖아요. 그런데 법률적으로 지자체는 그런 기증을 못하게 되어 있습니다. 어떡하시려고 그런 약속을 하셨습니까?"

"어떡하긴, 약속을 했는데 지켜야지."

그렇게 해서 일이 시작되었다.

충분히 의미가 있는 일인데 규정 때문에 못할 수는 없고, 비록 술자리였지만 공식적인 사람들이 공식적인 자리에서 한 약속인데 깰 수는 없는 일이었다. 가만히 생각해보니 오히려 좋은 일일 수도 있겠다 싶었다. 민간단체를 구성해서 최치원 선생 기념사업 차원에서 동상 기금 마련 사업을 벌이는 등의 일을 진행하면, 오히려 최치원이라는 인물을 우리 해운대구의 문화자산으로 만드는 데 훨씬 유리하겠다는 생각이 들었다.

— 최치원 선생 기념사업 추진위원회

그래서 귀국하자마자 동백섬에 있는 최씨 종친회를 찾아가서 최치원 선생 기념사업에 앞장서달라고 했다. 의외로 반응은 뜨뜻미지근했다. 그래서 해운대구 공공시설유치위원회의 사무국장이자 전국주민자치협의회 공동대표인 최낙용 씨에게 중책을 맡아달라고 부탁했다. 이렇게 해서 '고운 최치원 선생 기념사업 추진위원회'가 출범하는 첫 단추가 꿰어졌다. 곧이어 장혁표 전 부산대 총장을 위원장

'고운 최치원 선생 기념사업 추진위원회'의 주도로 해운대구 내에서 '최치원 사업'을 홍보하고 모금운동을 벌여서 2007년 9월 중국 양주시에 동상제작비를 보낼 수 있었다. 그해 10월 동상의 기증식 및 제막식이 중국 현지에서 이루어졌다.

으로 해서 총 30명의 위원으로 구성된 이 위원회는 2007년 4월에 정식으로 발족했다.

이 위원회가 앞장서서 해운대구 내에서 '최치원 사업'을 홍보하고 모금운동을 벌였더니 5,000만 원 정도가 마련되었다. 우리나라에서 동상을 제작해 보내면 비용이 곱절로 든다고 해서 제작비 2,500만 원을 보내 현지에서 제작하도록 했다. 이 동상의 기증식 및 제막식은 10월 현지에서 이루어졌다.

최치원 선생 기념사업 추진위원회는 모금으로 조성된 기금으로 해운대해수욕장에 해운대석각 조형물도 설치했다. 최치원의 친필이라고 전해지는 동백섬의 해운대석각을 보존하고 후세에 널리 알리기 위한 취지로, 석각의 글씨를 탁본해서 새긴 조형물을 사람들이 자주 오가는 곳에 설치한 것이다. 이 조형물의 동판에는 다음과 같은 글이 새겨져 있다.

> 이 작품은 부산광역시 지정기념물 제45호인 "해운대석각"의 원형을 재현한 것입니다. 해운대석각은 신라 말기의 대학자 최치원 선생의 친필로 전해지고 있으며, 현재 동백섬 등대광장 남단에 위치하고 있습니다.
>
> 2008. 7. 1.
>
> "증" 고운최치원 선생기념사업추진위원회

추진위원회 30명, 최치원 선생의 해운대 문화자산 만들기 노력에 동참한 구민들에게 감사와 존경을 전할 따름이다. 이 일 역시 위기를 기회로 반전한 돌파의 사례가 아닌가 싶다.

해양레저사업의 새로운 이정표

2005년에 해운대구는 정부의 국가균형발전 7대 과제 중 하나인

'지역특화 발전특구' 사업을 신청하여 '컨벤션·영상·해양레저 특구' 지정을 받았다. 이중 컨벤션과 영상 분야는 순조롭게 진행되었지만 해양레저 분야에는 많은 어려움이 따랐다. 지역별로 특색 있는 시설을 조성해서 다양한 해양 스포츠를 즐길 수 있게 하는 것을 목표로 147억 원의 민간자본을 투입, 총 4개의 해양레저특구사업을 추진했는데 이 길이 순탄치 않았다. 특별법에 따라 4개 사업을 추진하면서 나는 많은 것을 느꼈다. 까다로운 법령, 처리기관이 명확하지 않아 일어난 담당부처 사이의 이견, 사업 진행 과정에서 발생하는 온갖 예상치 못한 변수 등이 사업 추진을 가로막았다.

먼저 2008년 1월부터 진행된 해운대구의 '도시계획위원회의 심의'부터 해양레저사업의 안전성에 대한 문제로 14개월 동안 4차례나 심의가 진행되었다. 또 2009년 5월 사업의 일부 변경이 있어 지식경제부에 특구 변경신청을 했을 때 시의 동의를 받는 데만도 7개월이 걸려 특화사업자들에게까지 불만을 샀다. 그뿐만 아니다. 2010년 1월부터 특화사업을 본격적으로 추진하기 위해 시에 실시계획 인가를 신청했지만 몇 차례의 반려와 이행 불가능한 조건을 요구하는 바람에 급기야 사업추진에 제동이 걸렸다. 4개의 해양레저 시설을 설치하는 데에도 각각의 어려움이 있었다. 이를 각각 살펴보면 다음과 같다.

첫 번째 수영강 계류장을 2011년 12월 착공해서 다음 해 10월초 부산국제영화제 시기에 맞춰 준공하기로 계획했다. 그러나 2012년 3월 계류장 토목공사 진행 중에 철재빔이 무너지는 사고가 발생했고, 90%를 진행한 시점에서 민간사업자의 자금줄이 막혀 시공사에 공사비를 지불하지 못하는 바람에 공사가 중단되었다. 이 시설은 해를 넘겨 2013년 10월 2일 준공식을 할 수 있었다.

두 번째는 동백섬 마리나 사업이다. 문화체육관광부에서는 문화재 보호구역인 이 사업지에 대해 시 지정 문화재 현상변경허가를 별도로 받아야 한다며 불가 통보를 했다. 그래서 지식경제부 특구추진단과 해운대구가 합동으로 시에 수차례 설득한 끝에 2010년 6월에 문화재 현상변경허가를 받았다. 그런데 이 사업 또한 민간사업자가 사업비를 확보하지 못해 사업이 중단되어 1년 넘게 표류했다. 다행히도 2013년에 새로운 사업자가 나타나 2014년 3월 완공을 목표로 공사가 진행 중이다.

세 번째 송정해양레저 컨트롤하우스도 추진 시 난항을 거듭했다. 도시관리계획(항만시설)결정 고시를 하는 과정에서 2009년 12월부터 3개월 동안 시와 지식경제부의 이견으로 법제처에 질의를 해서 해결을 보았다. 도시관리계획 실시계획 인가 과정에서도 기관 간에 업무를 회피하자 언론에서 핑퐁행정 때문에 100억 원의 사업이 표류하고 있다고 보도했다. 그 후 시 감사관실에서 개입해 관·경 기관합동회의 끝에 2010년 8월에야 시의 인가를 받았다.

네 번째 송정 해양레저 거점사업은 또 다른 애로사항을 겪었다. 쾌적하고 아늑한 송정해수욕장이 늘 해운대해수욕장에 밀려 제값을 하지 못하고 있어서 이곳에 해양레저시설을 설치한다면 어촌지역인 이

곳이 발전할 것이라는 확신을 갖고 사업을 결정했다. 그러나 공사 진행 중 자연경관 훼손 등의 이유로 주민들의 끝없는 반대가 거듭되었다.

이런 일련의 어려움을 대통령에게 보고할 기회가 있었다. 2013년 7월 18일 전국시장군수구청장협의회 대표회장 자격으로 대통령직속 지역발전위원회의 지역발전정책 보고대회에 참석해서 '해양레저사업 성공사례 및 부처 간 협업의 중요성'이란 주제로 발표를 한 것이다.

발표의 요지는 이와 같다. "특구사업 주관부처가 9년 동안 재정경제부, 지식경제부를 거쳐 현재의 중소기업청으로 변경되었다. 그리고 관련업무가 기획재정부, 지식경제부, 중소기업청, 국방부, 해양경찰청, 항만청, 산림청 등 많은 부처에 걸쳐 있다. 공유수면에 도시계획선을 결정 고시하는 업무는 전국 최초의 사례다 보니 부산시와 국토해양부가 서로 소관부서가 아니라고 서류를 반려하는 바람에 법제처에 소관부서를 결정해달라고 질의도 하고 관련 중앙부처와 시를 스무 차례도 넘게, 정말 문지방이 닳도록 방문하고 끈질기게 설득한 끝에 인가를 받았다. 부처 간, 광역자치단체 간의 장벽을 없애는 정부차원의 '일괄협의 단일 창구'가 하루빨리 만들어지기를 강력하게 희망한다."

대통령께서는 중소기업청장에게 내가 건의한 사항을 빨리 조치하라고 지시했다. 곧 중소기업청 지역특구과에서 실태 파악에 나서서 우리 구에 관련 자료를 요청했다. 그리고 '지역특화발전특구에 대한 규제 특례법'에 '관련기관, 부서와 재협의를 하는 이중적 업무를 중

2013년 7월 지역발전정책 보고대회에 참석했을 때 특구사업의 원활하고 유기적인 '일괄협의 단일 창구'가 필요함을 역설했다. 이 발표가 있고 나서 곧바로 중소기업청이 나서서 실태를 파악하기 시작했고, 지역특화발전에 관한 규정을 개정 중이다.

소기업청에서 승인 고시하면 효력이 있다'는 요지의 규정을 신설하고, 애매하게 되어 있는 처리기관 표시도 명문화하는 법 개정을 추진하고 있다.

우리나라는 국토의 3면이 바다로 둘러싸여 있어서 다양한 해양레저 활동을 하기에 좋은 자연적 조건을 가지고 있다. 그러나 아직까지 해양레저산업은 매우 취약해서 홀로 이 어려움을 극복해나가야 했다. 해운대구의 이런 사례가 우리나라 해양레저산업에 새로운 이정표를 마련하는 계기가 되길 바란다.

나는 구청장에 취임한 직후부터 해운대를 사계절 관광지로 만들기 위해 해운대 천혜의 자연자원을 활용하는 해양레저사업을 추진했다. 누구보다 발 빠르게 나서서 10년 가까이 혼신의 힘을 다했다. 관련 부처의 인가를 받기도 어려웠지만 147억 원이라는 민간투자를 이끌어내기는 더더욱 어려웠다. 이제 4개의 해양레저시설 설치는 마무리되고 있지만 정상적인 운영까지는 넘어야 할 또 다른 산이 기다리고 있다.

과감한 돌파, 탄력적 조직 운영

시대가 변하면 그에 발맞추어서 지방자치단체의 행정도 변해야 한다. 해운대구청도 주민 삶의 질을 높이고 행정 서비스의 질을 높이기 위해서 기존 행정조직의 틀을 과감하게 깨고 맞춤행정 서비스를 추구했다.

전국 최초로 일자리창출팀과 기업지원팀을 신설한 것도 이런 맥락에서였다. 목적의식이 분명한 이런 팀을 신설해서 직원들이 목표의식을 가지고 일을 한 결과 기업을 유치하고 주민의 취업 활동을 지원할 수 있었다.

2010년에는 세계시민사회과를 신설했다. 해운대를 OECD 선진국 10위권 수준의 '매력있는 세계일류도시'로 완성하기 위해 구민들의 의식을 선진국 수준으로 높이고 해운대 고유의 문화와 전통을 지키면서 창의성이 풍부한 환경과 품격 높은 삶이 보장되는 도시로 만드는 게 이 신설과의 목적이다.

이어서 2011년 3월 1일에는 민선 5기의 공약사항이자 국정 최우선 과제이던 일자리창출을 위해서 그동안 일자리창출팀과 희망T/F팀에서 추진하던 일자리 관련 업무를 확대개편해 일자리복지사업단을 신설했다.

탄력적인 조직 운영을 위한 노하우를 잠깐 소개할까 한다. 나는 아침 5시면 잠자리에서 일어난다. 유일하게 혼자 있으면서 신문을 읽고 사색에 잠길 수 있는 시간이 잠자리에서 일어나 출근하기 전까지의 시간밖에 없기 때문이다. 이 시간에 나는 신문을 꼼꼼하게 읽으면서 구정에 응용할 수 있는 게 없는지 찾는다. 정치면이든 경제면이든 문화면이든 사회면이든 간에 새로운 시도, 새로운 현상, 새로운 정책으로 소개된 것이 있는지부터 살핀다. 그리고 이런 것들을 하나씩 살피면서 조금이라도 가능성이 보인다 싶으면 곧바로 해당 문제를 가장 잘 해결할 수 있을 것 같은 직원들에게 카카오톡을 보내 연구해보라고 지시한다. 해운대구청의 이 유능한 직원들은 어떻게든 대안을 가지고 온다. 그 대안이 어떤 프로그램으로 구체화될 수 있을 것 같으면 곧바로 기안을 올리라고 한다. 구청장이 올리라는 기안이니 중간에 팀장이나 과장 혹은 국장을 거치면서 가감수정이 될 일이 없고, 바로 진행될 수 있다.

체계가 무시되는 측면이 없지 않으나, 의사결정이 빠르다는 장점이 있다. 말단 직원이 기안한 내용이 절차를 밟아 한 계단씩 위로 올라와 최종적으로 나에게 오기까지 기다리려면 도중에 숱하게 되돌아갔다가 다시 올라와야 한다. 이 과정에서 애초의 기안이 세련되게 다듬어지는 장점도 있지만 애초의 참신함이 사라져버리는 단점도 있다. 이런 점을 보완하는 데는 모바일 메신저를 이용한 직접적·수평적 소통이라는 탄력적인 조직 운영이 적격이다.

돌파를 가능하게 하려면 무엇보다도 현재가 아니라 미래에 초점을 맞추고 과감한 목표를 설정해야 한다. 미래를 바라보지 않고 현재만 바라본다면 언제나 평온할 뿐이다. 과감한 목표를 설정할 필요도 없다. 그냥 소박하게 구관이 하던 대로만 하면 되기 때문이다. 이런 경우 결과는 뻔하다. 조직은 고인 물이 썩듯이 썩고 마는 것이다.

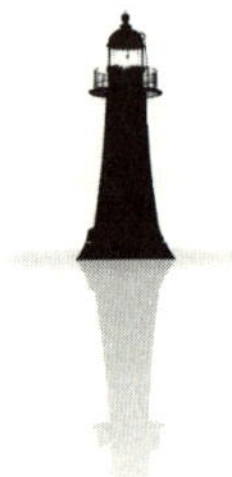

7장

변화의 어깨 위에 올라타라

– 트렌드 리딩

시대의 흐름을 읽는 창조적 모방

● 내가 특히 감명을 받고 구정의 커다란 밑그림을 그릴 수 있도록 도움을 받았던 책이 세 권 있다. 하나는 한국은 비록 크기는 작지만 기품 있는 나라로 발전하려면 국력뿐 아니라 국격도 높여야 한다는 정범모 교수의 《한국의 내일을 묻는다》이고, 또 하나는 앞에서 솔밭예술마을 이야기를 하면서 언급했던 찰스 랜드리의 《크리에이티브 시티 메이킹》이며, 나머지 하나는 박세일 교수의 《창조적 세계화론》이다. 특히 《창조적 세계화론》은 내가 민선 5기를 시작하면서 해운대구를 선진화의 모델로 만드는 전략을 세우는 바탕이 되었으며, 그 뒤 인문학과 사회적자본 개념을 적극적으로 도입하는 데 이론적인 바탕이 되었다. 나는 이 책들이 너덜너덜해질 정도로 읽으며 시대의 흐름을 읽고자 했다.

수십 년 전, 좀 더 가깝게는 20~30년 전만 하더라도 정부기관의 기관장이나 직원은 굳이 변화의 흐름을 읽어낼 필요가 없었다. 정부가 하는 일이 곧 변화였고 공무원은 언제나 그 변화를 이끄는 주체였기 때문이다. 사실 그때는 사회의 그 어떤 집단보다도 공무원 집단이 똑똑하고 유능했다.

하지만 지금은 그렇지 않다. 기업과 시민단체 등 민간의 경쟁력은 나날이 발전했고, 특히 기업들이 세계 시장에서 치열한 경쟁에서 이기고 살아남으면서 혹은 처절하게 패배하면서 획득한 노하우를 공무원 집단이 따라갈 수 없게 되었다. 더구나 정보통신을 중심으로 한 환경이 1년은커녕 한 달이 다르게 바뀌는 마당이니, 여기에 빠르게 대응하지 못하고서는 그저 바보처럼 눈만 끔벅거리고 있을 수밖에 없다. 그래서 언제부터인가 국가의 지도력이 정부의 손에서 기업의 손으로 넘어갔다는 말도 나오지 않는가.

그러니 공무원도 이제는 자기가 제일 잘났다는 생각을 버리고 바깥으로 이런 빠른 변화를 파악해야 한다. 변화의 파도가 치는 앞머리가 어디며, 이를 뒤따르는 파도는 또 무엇인지 살펴야 한다. 시대의 흐름 즉 트렌드를 읽어야 한다. 그리고 이것을 조직과 행정에 녹여내야 한다. 모방이라고 해도 좋다. 시대의 흐름을 읽어내고 그 변화의 등에 올라타야 한다. 누군가가 내 리더십의 핵심이 무엇인지 묻는다면 하나로 딱 꼬집어 대답할 수는 없어도 그중 하나로 호기심을, 특히 새로운 것에 대한 호기심이라고 대답할 수는 있을 것 같다.

— 모방도 시대의 흐름을 알아야 한다

나는 모방을 잘한다. 좋은 제도가 있으면 얼른 가져다가 쓴다. 아인슈타인도 자신의 업적을 스스로 평가할 때 이전의 숱한 과학자들이 있었기에 가능한 일이었다면서, 자신은 이런 거인들의 어깨 위에 올라섰기에 다른 사람들보다 좀 더 멀리 바라볼 수 있었다고 했다. 겸손의 말이 아니라, 실제로 사실이 그렇다.

혁신의 천재로 일컬어지는 스티브 잡스는 빌 게이츠가 '윈도우즈'를 내놓았을 때 자신의 아이디어를 훔쳤다면서 불같이 화를 냈다. 하지만 사실 그 아이디어도 애초에는 제록스 사 연구소의 아이디어를 모방해서 발전시킨 것이라고 한다. 잡스가 게이츠에게 화를 낼 일도 아니었다. 게다가 잡스는 해적처럼 훔치고 약탈하며 살아야 한다고 생각했고 실제로 애플 건물의 회의실 벽에는 해적 깃발이 버젓이 걸려 있었다. 바로 여기에서 세기적인 발명품인 매킨토시가 탄생한 것이다.

뭔가를 창조하려면 우선 어떤 것을 모방해야 한다. 하지만 그렇다고 해서 닥치는 대로 모방을 할 수는 없는 노릇이다. 그럼 무엇을 모방할까? 모방할 대상을 올바르게 선정하려면 시대의 흐름을 읽어야 한다. 같은 제도라고 하더라도 시대에 따라서 의미가 달라진다. 과거에 의미 없던 것이 지금은 중요할 수 있고, 지금 변변찮아 보이는 것도 미래에는 대세가 될 수 있다. 이렇게 시대의 흐름을 파악하고 변화의 현재적인 의미를 파악하는 것이야말로 CEO가 해야 하는 가장 기본적인 책무다.

이런 점에서 보자면, 앞서 얘기했던 컨슈머리즘이나 컬처노믹스, 지금 소개할 자원봉사도 모두 시대의 흐름이라는 맥락에서 이해할 수 있다. 관(官)의 힘으로 혹은 관이 중심이 되어 하는 일은 이제 한계에 부딪쳤다. 세상의 일이 워낙 다양해지고 또 각 분야마다 전문가들이 나타나면서 관이 모든 분야를 '지도'할 수 없게 되었다. 이런 사실을 인정한다면, 한 도시와 국가의 경쟁력을 높이기 위해서 지자체나 정부가 해야 할 일은 각 분야에서 시민의 자발적인 봉사를 이끌어내고 지원하는 것이다. 나는 그렇게 판단했다.

자원自願 봉사는 자원資源이다

● 2007년 해운대의 구정 패러다임은 '문화도시 해운대'였다. 2008년에는 이 패러다임을 '자원봉사도시 해운대'로 잡았다. 내용을 잘 알지 못하는 사람들은 뜨악해했다. 생뚱맞게 자원봉사라니? 해운대를 문화도시로 만들어서 경제효과를 창출하자고 하다가 해가 바뀌니 자원봉사를 하자고? 자원봉사를 하면 돈이 생기나 경제가 나아지나?

결론부터 말하자면 그렇다. 돈도 생기고, 경제도 나아진다.

2005년 APEC 행사를 준비하기 위해서 해운대구는 2004년 10월 'APEC 볼런티어 1만 명 모집'을 시작했고, 두 달 만에 자원봉사자 1만 명의 신청을 받았다. 그해 12월에 가진 발대식에 이 자원봉사자들이 무려 3,000명이나 참가해서 부산시장을 비롯한 관계자들을 깜짝 놀라게 하기도 했다. APEC 관계자들도 해운대구민의 열기가 이처럼 뜨거울 줄 몰랐다는 반응을 보였다. 1만 명의 자원봉사자들은 APEC이 끝날 때까지 많은 활동을 했다. 뿐만 아니라 각종 단체에서도 APEC의 성공 개최를 소망하면서 다양한 봉사 단체를 조직했다. 자원봉사자들의 이런 노력이 있었기에 APEC 행사를 성공적으로 치를 수 있었고, 그 덕분에 해운대의 자산 가치도 그만큼 높아졌다.

APEC뿐만 아니라 부산 내에서 치러지는 부산국제영화제, 부산국제연극제, 바다축제 등 크고 작은 행사도 자원봉사가 있기 때문에 가능하고, 그 덕분에 엄청난 경제유발 효과가 창출된다.

자원봉사는 좁게는 지역의 경제력이며 넓게는 국가의 경쟁력이다. 세계 일류도시가 되고 선진국이 되려면 반드시 갖추어야 할 요소다. 국가기관이나 기업이 해낼 수 없는 어마어마한 영역의 일을 자원봉사의 힘으로 해낼 수 있기 때문이다.

예컨대 피서철만 되면 우리 구청의 청소행정과는 쓰레기 문제로 골머리를 앓는다. 하지만 해운대해수욕장 청소 자원봉사 신청이 쇄도하면서 구청의 행정력만으로는 도저히 감당할 수 없는 양의 쓰레기도 너끈히 처리하게 되었다. 이렇게 해운대해수욕장의 명성과 가치가 지켜질 수 있었다.

— 센트럴파크에서 만난 노파

2006년 늦여름이었다. 해수욕장 운영을 마무리하고 홀가분한 마음으로 아들 결혼 문제를 의논하기 위해 아들이 사는 미국 뉴욕에 갔다.

어렵게 간 김에 인근의 미술관, 오페라하우스, 박물관, 극장, 줄리아드 스쿨 등을 관광했다. 높은 문화 수준과 시설에 놀라기도 하고 부러워하기도 했지만, 정작 가장 인상 깊었던 일은 다른 곳에 있었다.

이른 아침 센트럴파크에 조깅을 하러 나갔다. 마침 공원에서는 공원을 일주하는 마라톤대회가 열리고 있었다. 그런데 인파 속에서 한 노파가 유독 눈에 띄었다. 허리에 작은 물병 수십 개를 차고서, 숨을 헐떡거리며 달리는 선수들에게 물병을 하나씩 건네주고 있었다. 아들을 시켜 물어봤더니, 나이가 72살인데 32년째 그 마라톤대회에서 음료수를 무료로 나눠주는 자원봉사를 한다고 했다. 그러면서 하는 말이, 보람 있는 일일 뿐만 아니라 그 봉사를 함으로써 연방 소득세나 주 재산세를 감면받기도 한다고 했다. 그 말을 듣고 나는 해운대구정에도 이런 자원봉사 인센티브 제도를 도입해야겠다고 마음먹었다.

귀국하자마자 지인들에게 자문을 구하고 또 나름대로 자료도 찾아보면서 여러 가지 구상을 했다. 공무원이나 구민들이 자원봉사를 그저 '일회성 일손 돕기' 정도로만 생각하고 있었지만 나는 이것을 한 단계 높은 차원의 새로운 패러다임으로 제시하고 싶었다. 자원봉사야말로 해운대구가 세계 일류도시로 성장하는 데 빠질 수 없는 요소며, 우리 구민의 삶을 품격 있고 풍요롭게 만들 최고의 조건이라고 보았기 때문이다.

그래서 2007년 7월 1일, 눈여겨봐왔던 김철우 직원을 자원봉사 전문관으로 지정하고, 석 달 뒤인 10월 1일에는 그를 팀장으로 하는 자원봉사팀을 만들었다.

외국의 사례를 보면 미국, 영국, 프랑스, 일본, 호주 등 선진국의 자원봉사 참여율은 50%를 상회한다고 하는데 우리 구는 2007년 말 기준으로 겨우 3%대였다. 우리 구는 2008년 1월 1일에 '자원봉사 도시 해운대'를 선포하고 나눔과 참여의 문을 열었다. 국내외 선진 자원봉사도시의 사례들을 분석하는 한편 우리 구에 접목할 수 있는 사업들을 골라서 차근차근 실천했고, 다음해인 2009년에는 봉사자들을 다양한 봉사 일감에 연결하면서 자원봉사 붐을 일으켰다. 그리고 2010년에는 5만 자원봉사자들이 기존의 노력 봉사와 기부라는 방식을 넘어서서 자기가 가진 재능을 나누는 새로운 차원의 봉사 방식을 개척했다.

구체적인 사업을 소개하면, 릴레이식으로 자원봉사를 전파하는 '해운대 사랑 만들기 행복한 동행' 시민운동을 전개했다. 그리고 해운대구 자원봉사대상 시상과 동별 자원봉사 경진대회를 열어 봉사에 대한 열정을 갖게 했다. 또한 동별 자원봉사 홍보대사단 운영, 'YES 자원봉사캠프'를 열었다. 구청 직원들에게도 연 30시간 봉사활동을 의무화하고 월급에서 1,000원 미만을 떼서 자원봉사활동 운영비로 기부하는 천미(千未)나눔운동을 벌였다.

성과는 놀라웠다. 2008년 초에 처음 자원봉사도시를 선포할 때는 등록 자원봉사자가 1만 명이었지만 그로부터 약 3년이 지난 2010년 12월에는 7만 명으로 대폭 늘어났고 활동실적도 6배 이상 증가했다.

이런 성과를 인정받아서 우리 구는 2008년부터 3년 연속으로 행정안전부 주관 16개 시도 전국자원봉사센터 평가에서 최우수센터 동상을 수상했고, 2009년에는 기관장의 자원봉사에 대한 높은 의지, 다양한 참여 주체 발굴, 체계적인 인프라 확대 등의 실적을 인정받아 행정안전부 주관 전국자치단체부문 자원봉사 평가에서 대통령상을 받았다.

열심히 일을 해서 성과를 내고 거기에 따른 보상을 받는 것만큼 뿌듯한 건 없다. 하지만 그래도 아직 갈 길이 멀다. 해운대가 자원봉사 사업이 최종적으로 성공했다는 판정을 받으려면 아직도 멀었다.

— 자원봉사는 감투가 아니다

우리 구청이 이렇게 큰 상을 받기까지의 과정은 만만치 않았다. 가장 힘들었던 문제가 세 가지 있었다.

첫째, 자원봉사센터의 법인 전환이었다. 자원봉사활동기본법의 입법 취지는 자원봉사를 민간 중심으로 하자는 것이었다. 해운대구는 평소 봉사에 뜻이 있는 지인을 중심으로 사단법인 해운대자원봉사후원회를 만들고 이 법인에 자원봉사센터를 위탁하도록 했다. 하지만 처음에는 관과 민 사이의 인식 차이가 적지 않아서 서로 힘들어하는 일이 반복해서 일어났다. 그러나 해운대를 자원봉사에 관한 한 선진적인 모델 도시로 만들자는 목표에는 이견이 없었기에 인식의 차이를 조금씩 줄여나갈 수 있었다.

두 번째는 자원봉사도시 출범 이전에 중심적인 민간봉사단체로 자타가 인정하던 여러 단체와의 충돌이었다. 그중 새마을운동협의회와 바르게살기운동협의회의 반발이 가장 컸다. 단체원들은 자원봉사 사무 통합관리기관이자 국가기관인 '자원봉사센터'에 봉사자로 등록하는 것을 이 기관의 하부 조직으로 들어가는 것으로 오해하며 굴욕으로 받아들였기 때문이다.

그도 그럴 것이 1970년대부터 근대화 사업의 주역으로 활동했던 단체가 이제 막 만들어진 자원봉사센터에 등록하고 새로이 봉사점수를 쌓아야 했으니 그럴 만도 했다. 더욱이 자원봉사센터가 민간법인에 위탁되면서 그러한 오해는 더욱 커져갔다. 그러나 지금은 이런 오해의 실타래가 다 풀렸다.

세 번째는 예산 문제였다. 위탁받은 법인이 비영리법인인 까닭에 거의 모든 예산을 구청에서 지원해야 했다. 2007년 6,000만 원에 머물던 자원봉사예산이 2010년에는 3억 원을 넘었고 2011년에는 4억 원이나 되었다. 업무가 다양해짐에 따라 소요 예산도 늘어나기 마련이지만, 구 재정의 한계와 자원봉사는 무보수라는 인식 때문에 예산 문제는 여전히 과제로 남아 있다. 앞으로는 '사회복지 공동모금회'처럼 '자원봉사 공동모금회'라는 새로운 기금조성 시스템이 만들어져서 자원봉사의 자생력이 높아져야 한다고 본다.

삶의 무늬를 닮아가는 인문학

● 2011년 5월 어느 날 미국의 스탠포드대학교, 실리콘밸리의 자본가들, 기업 간부들, 인문학자들 그리고 학생들이 한 자리에 모였다. 인문학자들이 어떻게 하면 실리콘밸리의 기업들을 도울 수 있을지 논의하는 자리였다. 그런데 이 자리에 참석했던 당시 구글의 부사장 마리사 메이어(Marissa Mayer)가 2011년 신규채용자 6,000여 명 가운데 4,000~5,000명을 인문학 전공자로 고용할 예정이라는 놀라운 발표를 했다. 민간 기업의 첨단을 걷는 구글이 경영학 전공자가 아니라 오히려 인문학 전공자를 우선적으로 채용하겠다니 놀라운 일이었다.

인문학에 대한 이런 관심은 국내 기업에서도 마찬가지다. 삼성경제연구소가 2011년 2월에 국내 CEO들을 대상으로 한 설문조사에서, 인문학적 소양이 경영에 도움이 된다는 대답이 무려 98%에 육박했으며, 인문학적 소양이 풍부한 지원자라면 가산점을 주고서라도 채용할 의향이 있다는 대답도 83% 가까이 되었다고 한다.

기업의 CEO들이 경영에 인문학을 적극적으로 도입하는 이유는 기본적으로 조직 안에서 다양성을 확대하고자 함이다. 단순한 인문학 지식의 접목이 아니라 인문학적 관점을 접목함으로써 조직의 창의성을 높이고 미래의 경영 환경을 예측하고자 하는 것이다.

단세포적인 발상의 실용주의가 대학을 기업적으로 경영하려 하고 '돈이 되지 않는 인문학'을 천시하고 관련학과를 폐과시키는 추세 속에서 또 다른 한 축으로 진행되는 이런 발상의 전환은 아이러니다. 그러나 다양성을 확보하려는 기업의 생존 노력은 놀라울 정도로 현실을 빠르게 읽어나가고 있음을 보여주는 증거이며, 이 시대의 흐름이 어느 방향으로 나아가는지 보여주는 증거이기도 하다.

2012년 7월 1일에 해운대구는 전국 최초로 인문사회자본팀을 신설했으며, 같은 해 12월 20일에는 전국 최초로 '해운대구 사회적 자본 증진 조례'를 제정하고 '인문학 도시 해운대'를 선포했다. 또 2013년 1월 2일에 사회적 자본 이니셔티브를 선포하고 3대 영역 10대 실천과제 정책을 개발함에 따라 3월 11일 '해운대구 인문학도시 조성 조례'를 제정했다.

인문학은 사람에 대한 관심과 사랑이다. 지방자치의 풀뿌리 민주주의가 현대사회의 트렌드라고 할 때, 특히 기초지자체가 인문학적 관점에서 출발하는 것은 비록 늦었지만 당연한 결과다. 인문학은 인간 삶의 무늬를 묻고 답하고, 생각하고, 토론하면서 삶의 길을 찾아가는 학문이다. 사람은 이런 가운데 우리 자신을 성찰하고, 타인을 이해하고, 타인의 아픔에 공감하면서, 타인과 함께 행복을 누릴 수 있는 공동선을 추구할 수 있다. 이런 맥락 아래에서 해운대구는 인문학 도시를 '일상 속에 인문학이 꽃피고 인문학으로 성장하는 도시'라 정의했다.

— 해운대의 미래도 인문학에 달려 있다

해운대구는 지난 10여 년 동안 많은 발전을 이루었다. 하지만 이런 외적인 화려함 속에서 진정으로 '사람'을 생각하는 시스템이 갖추어져 있는가 하는 질문에는 선뜻 그렇다고 답하기가 어려운 것 같다. 사람이 중심이 되고, 사람이 행복한 도시, 바로 사람냄새 나는 도시야말로 진정한 세계 일류도시라고 할 수 있다.

이런 문제의식 아래 나는 구정 철학을 마무리하는 시점인 2012년에 '매력있는 세계일류도시' 완성을 위한 단계로 인문학에 주목하며 인문학도시 해운대 선포식을 가졌다. 문학을 통해 창조적 상상력을, 역사를 통해 올바른 판단력을, 철학을 통해 합리적 사고력을 높여 궁극적으로 품성 높은 시민이 넘쳐나는 인문학도시 해운대를 만들 것을 대외적으로 선포했다.

구체적으로는 '노년의 인문학' '희망의 인문학' '청소년 인문학' '치유의 인문학' '동서양의 인문학산책' 등 다양한 강좌를 비롯해

2012년 해운대구는 인문학도시 해운대 선포식을 가졌다. 그 후 인문학에 대한 관심과 인문적 소양 고취를 위한 다양한 강좌와 프로그램을 개설했다. 그렇게 현장에서 접하게 된 반응은 예상보다 훨씬 뜨거웠다. 이런 다양한 사업과 성과로 2013년에는 해운대구가 교육부 지정 인문도시로 선정되었다.

주민들이 역사 속 성현의 발자취를 찾아 떠나는 '길 위의 인문학' 프로그램들을 개설했다. 처음 본격적으로 인문학 사업을 시작할 때는 주민들의 반응이 어떨지 반신반의했지만, 막상 현장에서 접하게 된 반응은 예상보다 훨씬 뜨거웠다.

이런 주민 반응에 힘을 얻어 전담팀을 구성하고 법적 기반을 마련한 해운대의 인문학사업은 더욱 활기를 띠기 시작했다. 특히 도시 전반에 인문학적 기반을 조성하기 위해 반송 지역 '인문학골목길' 조성 사업인 '서로 프로젝트', 솔밭예술마을 조성사업, 영화의 거리 조성

사업을 추진하고 있고, 네트워크를 통한 인문학 인프라를 마련하기 위해 부산대학교, 동서대학교, 세계시민사회센터와 민·관·학 협약을 체결했다.

이런 다양한 인문학 사업 성과 덕분에 해운대구는 2013년 교육부 지정 인문도시로 선정되었다. 해운대구가 명실상부한 인문학 중심도시로 인정받은 것이다. 인문도시로 선정됨으로써 해운대는 동서대학교 임권택영화연구소와 함께 1년간 교육부 산하 한국연구재단으로부터 7,000만 원의 사업비를 지원받아 "인문학, 영화의 바다를 항해하다"라는 영화와 인문학을 접목한 사업을 추진하게 되었다. 앞으로 해운대구는 중간평가 과정을 거쳐 인문도시로서 사업을 이어갈 계획이다.

사회적 자본이 미래다

사회적 자본이라는 개념에는 모호한 측면이 있다. '사회 구성원들 사이에 협력의 행동을 촉진함으로써 사회의 효율을 개선하는 신뢰, 규범, 네트워크와 같은 사회적 조직의 요소들'이라고 정의되지만, 쉽게 이야기하면 사회 구성원의 성숙도를 높여 도시 생산성을 높이자는 것이다.

자본의 일종이라면 수치로 정확하게 계량할 수 있어야 하는데 이 개념을 어떻게 계량화하느냐는 비판도 있다. 하지만 사회적 자본의 수준 정도를 수치로 계량화하는 도구가 이미 개발되어 있고, 우리 구 차원에서도 용역을 통해서 지표를 측정하는 도구를 개발했다.

영국의 공공정책 연구기관인 레가툼 연구소(Legatum Institute)에서는 해마다 국가별 번영지수를 토대로 행복한 나라의 순위를 정하는데, 전 세계 140개국을 대상으로 한 2012년 분석 결과를 보면 가장 행복한 나라는 노르웨이였다. 그 뒤를 덴마크와 스웨덴이 따랐다. 이 조사는 경제, 복지, 교육, 사회적 자본 등 총 8개 항목을 측정해서 내린 결과라고 한다. 그런데 여기서 눈여겨봐야 할 대목은 상위권 순위에 오른 국가 대부분의 사회적 자본 지수가 높다는 점이다. 즉, 사람들 사이에 신뢰가 높고 서로 배려하고 소통이 잘 되는 사회가 행복한 사회라는 말이다. 우리나라는 그 순위에서 전체적으로는 27위를 차지했지만 사회적 자본 지수는 51위밖에 되지 않았다.

한편 2013년에 우리가 개발한 지표를 바탕으로 한 분석을 보면, 우리나라는 사회적 자본 종합지수에서 72개국 가운데 25위로 비교적 상위권에 들지만, OECD 29개 회원국 가운데서는 22위로 하위권이다. 종합점수는 5.7로 OECD 평균인 6.55에 비해서 많이 낮은 수준이다. 신뢰, 사회규범, 네트워크, 참여, 넓은 의미에서의 사회구조라는 5개 범주 가운데서 특히 개인의 태도와 관련된 신뢰, 사회규범 항목이 상대적으로 빈약한 것으로 드러났다.

이런 분석 결과를 바탕으로 해운대구청은 '신뢰와 기회, 품격 있는 삶이 넘치는 해운대'를 비전으로 설정하고, 전략목표로 지방정부의 사회적 자본 증진을 위한 롤모델 정립, 열린 행정을 통한 행정 신뢰의 증진, 해운대 주민의 구정 참여와 품격 높이기 등 세 가지를 설정했다. 그리고 공공기관, 민간단체, 기업 세 주체 사이의 소통과 협력을 전략원칙으로 삼고, '사회적 자본은 해운대의 미래를 열어갈 새로운 자원이다'를 슬로건으로 정했다.

해운대구가 이런 인식과 제도적 시스템을 정착시키기까지는 적지 않은 시간이 걸렸고, 이는 수많은 직원들이 수많은 고민과 업무 속에서 땀을 흘렸기 때문에 가능한 일이었다.

인간 중심의 도시 디자인으로 소통하다

나는 2009년의 구정 패러다임을 '디자인도시 해운대'로 정했다. 디자인으로 성공한 도시로 평가받는 두바이나 꾸리찌바를 꿈꾸기엔 일개 구청장으로선 언감생심이었지만, 도시의 정체성과 창의성이 조화를 이루지 않는다면 '삶이 행복한 도시, 누구나 살고 싶은 도시, 다시 찾고 싶은 도시'라는 소망은 물거품이 될 것 또한 분명했다. 도시 디자인은 교육과 마찬가지로 백년대계이며, 지금 우리가 하는 도시 디자인은 우리 후손에게 물려줘야 할 자원이다.

사실 도시 디자인에 관한 생각은 2004년 처음 구청장으로 당선된 뒤 업무 파악을 어느 정도 하고 나서부터 줄곧 품고 있었다. 어지러운 도시 이미지를 정비해야겠다고 마음먹고 2005년 초부터 한국디자인진흥원과 함께 CI개발사업을 추진했다. 지금 해운대구의 이미지로 굳어진 슬로건과 캐릭터 등이 그해 7월에 탄생했다. 'Sun & Fun Haeundae'와 '써니와 퍼니', 구청 차량 몸체의 파란색 물결 이미지, 해운대 12경 등이 그것이다. 이런 외형적인 행정표식만으로도 도시에 통일성이 생기고 또 각종 이미지만 정리해도 도시의 품위가 높아지는 것을 보고, 디자인 개념을 도시에 접목해서 도시 브랜드 가치를 높여야겠다고 결심했던 것이다.

그래서 2007년 2월에는 기초지방자치단체로서는 최초로 도시디자인 전담부서인 도시디자인팀을 신설했다. 처음에는 직원들은 물론 주민들도 이 거창하지만 생소하기 짝이 없는 이름에 당혹해했다. 당시만 해도 사람들은 '디자인'이란 용어를 민간업체에서 주로 홍보와 마케팅을 위해 개발하는 이미지 정도로만 생각했는데 구청에서 난데없이 도시를 '디자인'하겠다며 팀까지 만들었으니, '너무 앞서가는 것 아니냐'는 말을 들은 것도 당연했다.

우선 첫 사업으로 눈에 거슬리는 광고물 정비에 나섰다. 유능한 직원을 팀장으로 앉혀 불법광고물과의 전쟁을 선포했다. 그렇게 1년 동안 밤낮없이 뛴 결과 2007년 우리 구가 행정자치부의 '옥외광고 지자체 평가'에서 국무총리상을 수상했다.

내친 김에 2008년 1월에는 구청 조직에 도시디자인과를 새로 만들었다. 그리고 2월에는 관내에 입주한 부산디자인센터와 협약을 맺어 구청에서 설치하거나 구청에서 관리하는 각종 공공시설물, 그 외 공사장 가림막에 대해 디자인센터의 자문을 받도록 했다. 심지어 시장 현대화 사업에 사용되는 사인물도 협의를 거쳤고 관내 광고물업자를 대상으로 디자인 인식 강화 교육도 정례적으로 받게 했다.

하지만 좀 더 확실한 개선을 위해서는 제도적인 장치가 있어야 하겠다는 판단에 2008년 8월 '해운대구 도시디자인 조례'를 제정했다.

이어 9월에는 전문가로 구성된 도시디자인위원회를 만들어 모든 공공시설물은 이 위원회의 심의를 거치게 함으로써 간판 하나라도 마음대로 디자인하거나 설치하지 못하도록 제도적으로 정했다.

이렇게 4년 동안 공공디자인 중심으로 도시를 정비하는 데 힘을 썼다. 나는 이 과정에서 좀 더 근본적인 깨달음을 얻을 수 있었다. 디자인과 관련된 시대의 흐름이었다. 도시 디자인이 '인간 중심'으로 만들어지고 '소통'으로 이어질 수 있어야 삶의 질을 높이는 데 기여할 수 있으며, 또 이런 방향으로 디자인의 중요성이 점점 커지고 있었던 것이다.

그 후 짧은 기간 동안에 우리는 많은 일을 했다. 부산디자인센터에 도시디자인 기본계획을 의뢰해서 해운대구 도시디자인을 위한 기본 마스터플랜을 설정했을 뿐만 아니라 해운대구 고유의 색상과 서체를 개발하고 공공시설물 관리에 대한 기본지침도 마련했다.

디자인 경영활동으로는 '디자인의식 정착'과 '공공디자인사업' 두

가지 방향을 중점으로 하여 3개 분야 100대 사업을 계획했다. 먼저 디자인의식 정착을 위해 일상생활과 밀접한 교통, 청소, 환경 등에 산재되어 있는 불합리한 시스템을 새롭게 개선했다. 직원들로 하여금 수시로 전문가가 진행하는 디자인마인드 향상을 위한 교육을 받게 하고 각종 세미나 참석, 디자인 선진국 연수 등으로 공공디자인 견문을 넓히게 했다. 공공디자인 사업으로는 해수욕장 탈의장, 파라솔, 망루대 등의 기능적 디자인 개선에 나섰고, 공사장 가림막에 디자인 개념을 도입해서 도시 벽면을 갤러리화했으며, 공공시설물에 대한 디자인 매뉴얼화, 친자연형 공원조성 사업, 행정차량 디자인, 환경미화원이나 도로관리원의 근무복 이미지 통일화 사업 등을 추진했다.

디자인 개선을 위한 이런 대대적인 노력에 대한 보상은 2010년 연말에 나타났다. 한국공공디자인학회로부터 디자인도시 해운대를 만들기 위해 노력한 공로로 자치단체장으로서는 전국 최초로 대한민국공공디자인공로상을 수상하는 영광을 안은 것이다.

도시 디자인에 대한 이런 노력은 결국 해운대라는 우리 도시의 사회적 자본을 높이는 것이었고, 여기서 점차 더욱 거시적인 어젠다에 눈을 돌리게 되었다. 이런 시도는 2010년에 8월에 세계시민사회과를 신설하는 것으로 본격적으로 드러났다.

— 세계시민의식은 선택이 아닌 필수다

나는 취임과 동시에 구정목표를 '매력있는 세계일류도시 해운대'

로 정하고 내가 물러나는 날까지도 그 꿈을 향해 정진하겠다고 마음먹었다. 그 마지막 단계이자 앞으로도 이어져야 할 과업이 세계시민되기 운동이라 생각하여 세계시민사회과를 신설했다.

세계시민사회과는 구민 의식을 선진국 수준으로 높이고 해운대 고유의 문화와 전통을 지키면서 환경과 품격 높은 삶이 보장되는 도시를 만들기 위한 전담부서다. 산하에 인문사회자본팀, 평생학습팀, 생활체육팀, 자원봉사팀이 포진해 있다.

특히 2012년 7월에 신설된 인문사회자본팀은 인문학 대중화에 앞장서서 인문고전 읽기 운동 등으로 시민 경쟁력을 강화해 사회적 자본 운동을 확산하는 데 힘쓰는 한편 2011년 3월에 설립한 세계시민사회센터를 지원한다. 민간인 센터장 아래 파견공무원을 비롯 17명의 직원으로 구성된 세계시민사회센터는 지역 문제를 주민 스스로 해결하는 자치문화를 확산하고 배려와 나눔의 문화를 정착시키는 등 사회적 자본을 확충해 해운대구를 OECD 10위권 수준의 세계 일류도시로 만들겠다는 원대한 목적을 가지고 있다. 세계시민사회과 및 인문사회자본팀 그리고 세계시민사회센터가 성공적으로 활동을 펼쳐서 해운대구가 앞으로 배려와 봉사 그리고 기부문화가 충만한 선진 대한민국의 롤모델이 된다면 얼마나 좋을까.

세계시민의식이 왜 필요할까, 라고 묻는 사람도 있을 것이다. 이 질문에 대한 답을 세 가지로 말할 수 있다.

첫째, 전반적인 시민의식 향상이 필요하기 때문이다. 한국은 세계에서 유래를 찾아보기 힘들 정도로 빠르게 경제성장을 이루어냈지만 아직 선진국이라고 말하기엔 부족한 점이 많다. 선진국이라는 말을 들을 수 있으려면 경제력뿐만 아니라 시민의식도 뒷받침되어야 한다. 그러나 아직 우리나라는 시민의식보다 천박한 이기주의가 더 우세하다.

둘째, 다문화 사회로의 변화에 적응하기 위해서다. 최근 우리 사회에서는 외국인 노동자와 결혼 이민 여성의 비중이 커지는 등 사회 구성원이 다변화하고 있다. 그러나 우리 사회는 여전히 이들에 대해 배타적이다. 이런 부정적 인식은 사회 갈등의 위험요소로 작용한다. 다문화 가정 자녀에 대한 '왕따' 문제가 학교에서 심각한 상황이라고 한다. 게다가 우리 해운대구는 연간 100만 명 이상의 외국인이 방문하는 글로벌 도시다. 해운대구민의 세계시민의식 함양이 특히 필요한 이유도 바로 여기에 있다.

셋째, 세계 사회 속에서 한국의 영향력이 커지고 있기 때문이다. 높아진 경제력에 걸맞은 영향력을 세계 사회에서 행사할 수 있으려면 높은 시민의식은 필수적인 조건이다.

국력과 더불어 국격(國格) 또한 매우 중요하다. 이 국격을 바꾸어 말하면 세계시민의식이다. 그러나 아직 우리나라의 시민의식은 OECD 내에서도 최하위권에 머물러 있으니, 시대의 흐름을 따라잡으려면 분발해야 한다. 해운대구의 이런 노력이 대한민국 선진화의 롤모델이 되기를 바란다.

모든 정보는 서로 연결된다

소셜네트워크서비스(SNS)를 직접 사용하다 보니 무척 편리할 뿐 아니라 유용한 점도 많았다. 그래서 이것을 구정에 적극적으로 도입하기로 했다. 우선 2010년 10월에 '해운대구 소셜 네트워크 서비스 이용 지침'을 마련한 다음, 공무원부터 SNS에 대한 이해도와 친밀성을 높이기 위해 전 직원들의 가입을 독려했다. 직원 간 팔로우를 통해 네트워크를 형성한 뒤 이를 통해 자연스럽게 친목을 도모하는 한편 자유롭게 의견을 교환하고, 부서별 온라인 모임을 운영해 업무 관련 지식을 공유, 행정 역량을 강화하는 게 목적이었다. 전문가를 초빙해서 공무원과 일반 주민을 대상으로 '스마트폰의 생활혁명'이란 주제로 두 차례 강좌도 가졌다.

그 결과 이제는 긴급한 사안이 발생하면 휴일이라도 스마트폰을 이용해서 SNS 회의를 열 수 있게 되었다. 예를 들어 2012년 6월 말

토요일 오전에는 '해운대구의 조직개편에 대한 언론의 비판보도에 따른 대책'이라는 안건으로 6급 팀장을 포함한 전 간부를 카카오톡으로 초대해서 회의를 열었다. 비록 휴일이고 불시에 회의에 소집되어야 하는 불편함도 있었지만, 현안에 대한 즉각적인 의견 수렴과 조직 구성원 사이의 자유로운 토론 문화를 조성해서 직원 사이에 소속감과 친화력을 강화하는 등 좋은 점이 더 많았다고 생각한다.

SNS는 조직 내부의 소통뿐만 아니라 조직 외부, 즉 구민들과 직접적이고 즉각적으로 통하고 공감할 수 있다는 장점을 가지고 있다. 정책과 현안 정보를 실시간으로 제공하고 피드백을 주고받음으로써 구정의 만족도를 높일 수 있는 것이다. 그래서 직원들이 주민과 적극적으로 관계를 맺고 사이버 커뮤니케이션 창구를 통해서 구정 업무와 관련한 이슈에 대해 실시간으로 질의응답이 이루어질 수 있도록 했다.

우리는 이런 시대의 흐름에 발맞추어 2010년 12월에 '해운대구 트위터'를 개설했고, 이어서 '해운대구 페이스북'도 개설했다. 2013년 10월 현재 페이스북 팔로워는 985명 정도에 불과하지만 구정소식, 영상으로 보는 해운대, 해운대 스토리텔링, 관광홍보, 언론 속 해운대 등 다양한 내용으로 해운대 홍보 및 주민과의 소통을 지속해나가고 있다.

'스마트' 해운대해수욕장

2011년 7월, 해운대해수욕장에 전자결제 시스템을 도입했다. 파라솔, 비치베드, 튜브 등 피서용품을 빌릴 때나 편의점과 샤워·탈의장까지도 이용 시 현금 대신 스마트폰과 일반 휴대전화, 카드로 요금을 결제할 수 있도록 한 것이다. 해수욕장에서는 지갑이나 현금을 들고 다니기 불편한데, 이런 문제를 해결하고자 한 것이다. 아울러 미아찾기 등의 다양한 부가서비스도 제공했다. 해수욕장 오기 전에 스마트폰 앱을 내려받고 QR코드를 발급받아 해수욕장에서 사용하거나, 해수욕장 내 주요 지점에 설치된 유·무인발권기에서 팔찌형 이용권을 구입하도록 했다. 2012년에는 이 제도를 더욱 개선해서 결제 대기시간을 30초에서 5초로 단축시켰다.

행정안전부는 매년 획기적인 아이디어로 예산을 아끼거나 수입을 늘린 우수 자치단체를 시상하는데, 2012년 12월 4일 정부중앙청사 국제회의장에서 열린 행정안전부 주관 '2012년 지방자치단체 예산효율화 우수사례 발표대회'에서 우리 해운대구의 '해운대해수욕장 스마트비치 시스템'이 대통령상을 수상했다. 민간자본을 유치해 전국 최초로 IT 기술을 접목시켜 피서객의 편의성을 높이고, 해수욕장 내 매출액에 대한 객관적인 자료를 토대로 백사장 청결유지비를 추가로 확보한 점을 높게 평가받은 것이다. 여기에 5억 원의 특별교부세도 함께 받았다.

따져 보면 해운대구청장 취임 이래 2009년에 자원봉사와 희망근로사업으로 각각 한 차례씩, 2010년에는 지역 일자리창출로, 2011년에는 행정제도 선진화로, 2012년 3월에는 다산목민대상과 민원행정제도개선으로 각각 한 차례씩 대통령상을 받았는데, 스마트비치 시스템으로 받은 이 상이 일곱 번째 대통령상인 셈이었다. 하지만 스마트 행정을 향한 내 호기심은 아직도 끝나지 않았다.

빅데이터 혁명을 구정 속으로

2013년 1월 1일 해운대구청은 전국에서 처음으로 빅데이터분석팀을 신설했다. 빅데이터(Big Data)는 말 그대로 방대한 양의 데이터를 뜻한다. 엄청나게 축적되어 있는 자료를 분석해서 사람들의 행동을 미리 예측하고 이것을 구정에 도입하기 위해서였다. 여태까지는 선례나 관행에 따라 정책을 결정했지만 빅데이터 개념을 도입해서 예측 행정 시스템을 구축함으로써 정책 결정의 오류를 줄여나가기로 한 것이다. 주민 요구와 시대 흐름을 신속하게 반영해서 소통하고 공감하는 행정을 펼치기 위함이었다.

빅데이터 분석팀은 온갖 정형·비정형화된 데이터들을 수집·분석·활용하는 모든 사업을 총괄적으로 수행한다. 먼저 각 과에서 구정 업무를 추진하는 과정에 구축되었던 각종 데이터베이스, 구청에서 실시한 각종 설문조사 결과 등 빅데이터의 기본 자료로 활용할 수 있는 구정 자료를 총망라해 수집하고 있다. 아울러 최근 3년간 구청 홈페이지, 구청장 동순방 등에서 제기되었던 각종 주민건의와 불편사항 및 구정에 대한 바람 등 다양한 의견을 수집·분석해서 필요한 대책을 수립한다. 이렇게 하면 중복 민원처리에 소요되는 행정력의 낭비와 주민 불편을 줄일 수 있다.

이와 함께 최근 10년 동안의 기상 데이터와 피서객 수의 상관관계를 분석해 올해 해운대해수욕장 운영에 반영하는 방안, SNS와 인터넷 키워드로 해운대 방문패턴과 관광객의 니즈 분석, 심지어 청년 일자리 창출 방안 등에도 활용한다.

해운대구에서 빅데이터분석팀을 신설하자 언론에서는 일제히 이 제도를 집중적으로 조명했다. 사실 이 구상은 아침마다 정독하는 신문에서 처음 비롯되었다. 2012년 9월 어느 날이었다. 신간소개란에 《빅데이터 혁명》이란 책이 소개되어 있었다.

> 12월 대통령 선거에서 누가 당선될지 알 수 있다면, 어린이 대상 성범죄가 다음에는 어디서 일어날지 알 수 있다면 어떨까. 갓 태어난 내 아이의 적성이 무엇인지, 아니면 로마 제국이 왜 멸망했는지 알아낼 수 있다면 무엇이 변할까?
> 이런 궁금증을 해결할 수 있는 대안으로 최근 떠오른 개념이 '빅데이터 기술'이다. 빅데이터는 사람으로서는 분석 불가능한 방대

한 양의 데이터를 전수(全數) 분석하고, 관계없어 보이는 데이터끼리의 연관 관계를 파악해 실제로 벌어지는 일의 진실을 알아내고 미래를 추측하는 기술이다.

눈이 번쩍 뜨였다. 이것을 구정에 접목한다면 얼마나 편리할까? 인력과 예산의 낭비를 획기적으로 줄일 수도 있지 않을까? 그래서 이것을 머릿속에 담아두었다. 그러던 차에 11월 15일자 〈조선일보〉에서 "하늘만 바라보던 날씨 마케팅, 이젠 빅 데이터로 본다"라는 기사를 보았다. 예를 들어 초겨울에 기온이 1도 떨어지면 호빵 판매량이 6만 개 늘어나지만 최저기온이 영하 1도 아래로 떨어지면 판매량은 다시 줄어들고, 비가 오면 족발 주문이 늘어난다는 내용을 소개하면서, 기업들이 매출 및 기상 관계 데이터를 분석해서 수요를 예측하고 생산을 관리한다는 내용이었다. 바야흐로 빅데이터의 시대가 열렸다는 것이었다.

이 기사를 읽고 나자 더 이상 꾸물댈 수 없었다. 곧바로 《빅데이터 혁명》의 저자인 권대석 박사를 수소문했다. 연락이 닿아서 만나고 싶다고 했더니 오라고 했다. 얼마 후 서울 출장길에 그가 있다는 영등포구 문래동 에이스하이테크시티에서 그를 만날 수 있었다. 권박사는 첫인상이 공학도 그 자체였다. 빅데이터를 정부 행정에 도입해야 한다고 열을 올렸는데도 정부가 거들떠보지도 않기에 '열 받아서' 책을 썼다고 했다.

그날 권박사를 만나서 빅 데이터에 관한 기본 개념을 알기 쉽게 공부했고, 구정에 접목할 수 있는 업무에 대해서 많은 질문을 하고 궁금증을 풀었다.

그리고 열흘쯤 뒤에 부산의 소셜네트워크서비스 전문가인 김희동 '스마트소셜' 대표에게 해운대구의 850명 전 직원을 대상으로 빅데이터를 주제로 강의를 해달라고 의뢰했고, 그 뒤 한국IBM 부산사무지사, 액센츄어 부산지사, 부산대학교, 동아대학교 등의 여러 전문가들에게 자문을 받은 후 빅데이터 전담조직이 필요하다는 확신을 굳혔다.

구청 내부의 반응은 떨떠름했다. 대기업에서도 쉽게 엄두를 내지 못하는 일을 어떻게 일개 구에서 할 수 있느냐는 것이었다. 하지만 결국 직원들을 설득해서 팀을 만들기로 했다. 12월 초, 부서장과 팀장 이상의 직원이 참석하는 확대간부회의에서 기획조정실장이 빅데이터의 중요성을 강조한 프리젠테이션을 하고 2013년 1월 1일자로 기획조정실 산하 빅데이터분석팀을 신설했다.

빅데이터분석팀은 팀장 1명과 팀원 3명으로 총 4명이었고, 글로벌 데이터 발굴·분석, 빅데이터 적용 업무 발굴 추진, 빅데이터 수집·분석·정책방향 설정, 민관협력 거버넌스 형성 등의 단위 업무를 바탕으로 버려지는 정형·비정형화된 데이터를 모아 분석하고 활용하는 모든 사업을 총괄적으로 수행하도록 했다.

이 팀은 2010년부터 2012년까지 3년 동안의 관측 자료를 바탕으로 날씨에 따른 여름철 해수욕장 피서객 수, 쓰레기 발생량 등의 상관관계를 분석했다. 그 결과 성수기와 비수기, 날씨 등의 일반적인 상관관계뿐 아니라 8월 1~2주는 학생들 여름방학과 직장인 여름휴가로 가족 단위의 피서객이 날씨에 구애받지 않고 미리 계획했던 휴가 일정을 즐기려고 한꺼번에 몰린다는 사실도 확인했다.

또 최근 6년간 국가배상지급 유형 및 건수를 지역별로 분석해서 사전에 위험요소를 제거함으로써 주민의 불편요소를 해소하고자 했다. 분석 결과를 보면 도로시설물과 관련된 국가배상 신청건수가 90% 이상을 차지하며 특정 동 단위에 집중되는 것도 알 수 있었고, 이를 바탕으로 사전 위험요인을 차단하도록 했다.

또한 해운대구일자리센터 및 인터넷을 통한 신청자의 구인·구직 자료를 DB화한 자료를 분석해서 여성일자리 창출 및 노인일자리 사업의 증대가 시급하고 구직자 가운데 대학교 졸업자가 40% 가까이 되어 고학력·전문직 일자리 창출에도 힘을 쏟아야 한다는 사실을 알 수 있었다.

이 밖에도 해운대구 관광객의 '보이스 분석'을 통해서 해운대구가 장차 매력있는 관광지로 더욱 사랑받으려면 해운대 주도형 지역 축제, 부산 여행이 아닌 해운대 여행으로 관광객의 충성도를 더욱 높일 수 있는 창의적인 관광 콘텐츠를 개발하고 제공할 필요가 있다는 결과를 얻었다.

이런 사실이 언론에 알려지자 우리 구청의 빅데이터분석팀은 전국적으로 다시 한 번 언론의 화려한 조명을 받았다. 청와대에서도 그 기사를 채택해서 대통령에게 보고했다.

우리의 이런 노력에 또 하나의 보상이 주어졌다. 우리가 추진한 빅데이터 사업이 안전행정부가 주최한 2013년 '지방 3.0 선도과제 공모'에서 전국 최우수 사업으로 선정된 것이다. 안행부가 밝힌 선정 이유는 '해운대구의 빅데이터 사업은 빅데이터를 활용한 지역맞춤형 정책 추진으로 주민에게 수준 높은 행정서비스를 제공할 것으로 기대돼 기초단체 최우수 과제로 선정했다'는 것이었다. 안행부는 해운대구의 사례를 전국 자치단체에 전파하고 특별교부세를 지원하는 한편, 전문가를 프로젝트 매니저로 파견해 자문을 제공하는 등 과제 수행에도 참여시켜 빅데이터 사업이 성공적으로 이행되도록 중점 관리를 해주고 있다. 이런 성과들이야말로 트렌드를 읽고자 하는 분명한 목적의식이 있었기 때문에 가능하지 않았나 싶다.

세계인을 매료시키는 도시가 되는 날까지

● 해운대는 예로부터 사람을 끄는 풍광을 지니고 있었다. 동백섬 누리마루를 지나 전망대에서 우측으로 내다보이는 바위에는 최치원 선생이 해운대의 경치에 이끌려 잠시 머물면서 새겼다는 '해운대석각'이 아직도 남아 있다. 세월의 풍파에 시달려 이 글씨가 희미해져가도 해운대라는 이름은 사람들의 가슴에 깊이 각인돼 있다. 흔히 해운대를 '사포지향'이라고 한다. 산, 바다, 강을 가진 고장을 '삼포지향'이라 하는데 해운대는 거기에다 온천까지 있기 때문이다.

이런 해운대가 짧은 기간 동안 빠르게 변화했다. 해운대의 지도를 다시 그려야 했을 정도다. 해운대의 변화를 이끌어온 나 자신도 그 변화를 미처 따라잡지 못할 때가 있었다. 새로운 첨단산업단지로 떠오르는 센텀시티 내의 바둑판처럼 반듯하게 잘 닦인 도로를 끼고 들어선 빌딩들, 마린시티의 높이 치솟아 있는 건물들을 보면 분명 해운대는 2004년 취임 때와는 다른 모습을 하고 있다. 이런 변화들을 볼 때 나는 뿌듯한 자부심과 현기증을 느낄 정도로 가슴이 벅차다.

혹자는 해운대가 관광특구로서의 매력을 잃고 고밀도 주거지로 전락하고 있다고 우려하지만 해운대구는 한국언론인포럼이 주최한 '한국지방자치대상'에서 2007·2008년 2년 연속으로 '살기 좋은 10대 도시' 부문을 수상했다. 그리고 2012년에는 문화체육관광부와 한국관광공사가 꼽은 '한국인이 꼭 가봐야 할 국내관광지 99'에 부산에서는 유일하게 해운대가 선정되었다. 2013년에는 서울신문사와 연세대학교가 공동으로 진행하고 있는 '대한민국 지역브랜드 대상' 1차 심사에서 해운대가 300개에 이르는 항목에서 최고점을 받아 세계적 명품이 될 경쟁력과 잠재력을 고루 갖췄다는 평가를 받으면서 '살고 싶은 지역 1위'로 선정되었다. 이제는 해운대 자체가 모두가 선망하는 브랜드가 된 것이다.

해운대의 매력을 꼽자면 열 손가락이 모자랄 지경이다. 해운대해수욕장과 송정해수욕장, 달맞이길, 동백섬 등 천혜의 자연자원을 비롯해 영화의 전당, 벡스코, 요트경기장, APEC 누리마루 하우스, 아쿠아리움, 특급호텔 등 풍부한 관광 인프라를 두루 갖췄고 갤러리와 미술관 같은 다양한 문화시설이 밀집해 있다. 해운대의 스카이라인을 변화시킨 마천루도 빼놓을 수 없다. 또한 국제영화제, 비엔날레, 모래축제, 바다축제 등 사계절 내내 축제가 열리는 이곳이 바로 '매력있는 세계일류도시' 해운대구다.

가장 기분 좋은 변화를 보여주는 것은 전시·공연·영화·문학 등 다양한 문화예술 인프라들이 즐비하게 들어선 것이다. 그 면면을 살펴보면, 4,000석 규모의 제2벡스코 오디토리움, 1,100석 규모의 뮤지컬 전문공연장인 소향아트센터, 880석 규모의 영화의 전당 하늘연극장을 포함한 13개의 공연장과 부산시립미술관, 추리문학관, 고은사진미술관, 주천조각보박물관, 지승공예박물관, 월석아트홀 등 다양한 전시관이 있다. 또한 달맞이언덕과 해운대해수욕장 주변, 센텀시티, 마린시티 등에는 이미 30여 개의 갤러리가 입점해 있고 지금도 신규 갤러리 오픈이 줄을 잇고 있다. 이렇게 많은 문화예술시설이 유독 해운대구에 몰리고 있는 이유는 해운대의 아름다운 자연경관과 최근 급속한 발전에 따라 대형 상권이 조성되면서 유동인구가 많으며, 주민의 문화적 소양도 남다르기 때문이 아닐까 생각한다.

불과 10년 만에 해운대 인구는 30만 명에서 43만 명이 되었고 마이스(MICE) 관광도시, 영상도시로 자리매김하게 되었다. 대형 프로젝트들이 하나씩 마무리될 때마다 해운대의 이런 급속한 변화가 새롭고 즐겁다. 그러나 지난 10년 동안의 변화는 다가올 5년에 비하면 그리 놀랄 일도 아니다. 지금까지 해운대구에는 무려 100억 달러(10조 원) 규모의 민간자본이 투입되었고 지금도 여전히 새로운 대형 프로젝트가 진행되면서 진화하고 있기 때문이다.

— 트렌드를 넘어 브랜드가 되다

10년 사이에 상전벽해라 불릴 정도로 해운대가 비약적으로 발전해왔고, 문화시설을 비롯한 관광·컨벤션·해양레저시설을 해운대로 끌어들일 수 있었던 데에는 탄탄한 구정 운영과 열정적이고 혁신적인 정책을 10년간 안정적으로 추진한 데 따른 결실이라고 많은 사람들이 평가하고 있다.

해운대 발전의 전환점은 2005년 APEC 정상회의의 성공적인 개최였다. 이를 계기로 도시 인프라가 급성장했고 도시 성장을 10년 이상 앞당기는 효과를 거뒀기 때문이다. 정상회의가 열린 동백섬 APEC 누리마루 하우스 건립을 비롯한 15개 사업에 1,500억 원이 집중 투자되었고 세계 주요 언론을 통해 대한민국 대표 도시, 동북아 중심도시로 부각되어 도시 브랜드 가치 또한 비약적으로 높아졌다.

물론 이런 하드웨어적 변화의 높은 파도 속에서도 부산의 중심도시, 더 나아가 세계도시로 성장하기 위한 소프트웨어를 개발하여 자연과 인공이 조화를 이룬 도시로 만들기 위한 노력을 임기 내내 집중해왔다. 또한 매년 새롭게 펼쳐지는 해운대구만의 독특한 행정패러다임은 국내 자치단체에서도 유례를 찾기 힘들 만큼 단기간에 눈부신 도시발전을 선도한 견인차 역할을 했다. 2007년 문화도시, 2008년 자원봉사도시, 2009·2010년 디자인도시, 2011·2012년 글로벌 창조도시 해운대구 만들기를 추진해서 선택과 집중을 통한 해운대구 발전을 극대화한 것이다.

이런 패러다임을 통해 시대의 트렌드와 구민의 요구사항을 사전에 파악하고 여기에 나의 철학을 덧붙여 추진함으로써 해운대구는 단순히 트렌드를 좇기만 하는 도시가 아니라 트렌드를 넘어 브랜드 그 자체가 되었다.

— 모두가 행복한 해운대를 위하여

나는 대한민국 정부가 수립되는 해에 태어났다. 국민소득 67달러 밖에 되지 않는 세계 최빈국에서 세계 10대 경제규모를 가진 나라로 성장한 대한민국의 고난과 영광을 평생 함께해왔다. 그렇기에 선진화를 향한 나의 꿈들은 행복한 고민이자 대견한 자부심이기도 하다.

해운대 전경

또 지난 10년간 놀라운 성장을 일구어 온 해운대는 나의 신앙이자 동반자와 같은 존재다. 그렇기에 더더욱 남은 임기까지 도시경영에 있어서는 매력있는 세계일류도시 해운대를 완성하고, 미래경영에 있어서는 서로 신뢰하고 협력하며 소통하는 '사회적 자본'을 확충함으로써 해운대가 선진 대한민국의 롤모델이 되도록 최선을 다하려고 한다.

해운대를 향한 나의 사랑은 해운대구청장직을 떠나더라도 계속될 것이다. 눈부신 발전을 이룬 해운대에 걸맞은 시민의식을 갖추기 위해 세계시민운동 또한 지속적으로 펼쳐나갈 생각이다.

그리고 구청장직을 수행하는 동안 구민들 모두가 잘살고 서민경제가 살아나려면 중소기업이 활성화되고 경영하기 좋은 도시가 되어야 한다는 것을 온몸으로 절실히 깨달았다. 하지만 구정을 운영하면서 산재해 있는 일들을 해결하느라 더 적극적으로 관심을 가지지 못한 것이 못내 아쉽다. 앞으로는 중소기업들이 활발하게 경영을 펼칠 수 있도록 규제 완화와 미래 성장산업 발굴 등, 모든 여건을 개선시키기 위해 힘쓸 생각이다.

모든 위기는 언젠가 기회가 된다는 것을 현직에서 무수히 경험했다. 이런 소중한 무형의 자산을 지역에 환원시켜 모두가 상생하는 행복한 해운대를 만드는 데 일조할 각오가 되어 있다.

에필로그

머무는 곳마다 주인이 된다면

마침내 여기까지 왔다.

2004년 6월에 민선 3기 제4대 해운대구청장으로 취임한 뒤 올해로 10년째, 지금은 내게 주어진 해운대구청장으로서의 임기도 몇 달 밖에 남지 않았다. 지난 10년 동안 내가 해운대구청장으로 했던 일들을 돌아보면서 지방행정의 미래를 위해 미력하나마 작은 돌 하나를 놓는다는 심정으로 쓰기 시작했던 이 책도 이제 여기에서 끝을 맺어야 한다.

애초에 이 책을 쓰기로 처음 마음먹었을 때는 해운대구청장으로서 내가 가졌던 행정 철학과 리더십의 장단점을 온전하게 해부하는 것이 목표였다. 많은 사람들이 이를 모범으로 삼기도 하고 혹은 반면교사로 삼기도 해서 이 책이 지방행정에 조금이라도 보탬이 되기를, 지방행정을 담당하는 공무원들이 작은 것 하나라도 배울 수 있기를 바랐다. 하지만 다 써놓은 글을 다시 찬찬히 들여다보니 왠지 나 자신에 대한 비판이 너무 인색했던 건 아닌가 싶기도 하다. 비판보다는 칭찬을 바라는 게 인지상정이고 나 또한 똑같은 사람이니까 어쩔 수 없었던 것 같다. 독자들도 이를 헤아려서 읽어주면 좋겠다. 또한 단순한 개인의 회고록이 아니라 구청장이라는 공인의 행적을 지방행정의 온갖 모습들 속에서 따져보고 분석하기 위해 노력했다는 점을 애정 어린 눈으로 봐주면 고맙겠다.

부디 이 책을 통해 많은 사람들이 해운대구의 가치를 알아봐주고 해운대구를 진정으로 사랑해준다면 좋겠다. 더 나아가 이 책을 통해 일반 주민이 기초지자체의 행정을 조금이나마 더 많이 이해할 수 있으면 좋겠다. 또한 수십만 지자체 공무원들에게 자부심을 줄 수 있다면, 주민과 함께하는 지방행정을 추구하는 지자체 단체장들에게 동일한 시행착오를 겪지 않기 위한 소중한 사례집으로서 읽힐 수 있다면 좋겠다.

해운대구청장으로 보낸 시간들은 내 인생에 행운이었고 영원히 잊지 못할 것이다. 특히 이 행운의 문을 여는 데 힘을 보태주셨고 그 후로도 줄곧 지지를 아끼지 않으셨던 서병수 의원님께 고맙다는 말씀을 전한다. 청와대에서 같이 근무하면서 더 넓은 세상으로 나갈 수 있도록 일깨워주신 박관용 전 대통령 비서실장님, 홍인길 전 청와대 총무수석 비서관님, 어릴 때부터 무한한 애정을 가지고 보살펴주신 강상근 고향 형님께도 감사의 인사를 드린다. 아울러 함께 머리를 맞대고 책의 틀을 잡아준 은지수 작가에게도 감사한다.

이루 말할 수 없이 많은 분들이 내가 힘들어할 때 버팀목이 되어주었고 어떤 시도를 할 때 격려의 박수를 보내주었다. 덕분에 적어도 실패한 구청장으로 물러나지는 않을 수 있을 것 같다. 일일이 이름을 불러드리지 않더라도 내 진심을 알아주실 것이라 믿어 의심치 않는다.

이 책에는 수많은 해운대구 주민들의 이야기가 담겨 있다. 또 숱하게 많은 해운대구 직원들의 이야기도 담겨 있다. 사실 이 사람들 모두가 이 책의 주인공이다. 43만 해운대구민에게 진심 어린 감사의 인사를 올린다. 유난 떠는 구청장 때문에 덩달아 열심히(그리고 힘들게) 일해야 했던 해운대구의 850여 직원들에게는 고마움과 함께 미안한 마음도 전하고 싶다.

마지막으로, 언제나 바깥으로만 바쁜 가장이었던 터라 많은 시간을 함께하지 못했던 가족에게 이 책을 변명으로 삼으려 한다. 부디 이 변명을 따뜻하게 받아주기 바란다. 특히 먼 타국에서 열심히 살고 있는 아들과 며느리, 손자에게는 해운대구청장으로 살았던 내 삶의 치열한 모습을 보일 수 있어 기쁘다.

진심으로 모두에게 고맙다.

수처작주 입처개진(隨處作主 立處皆眞)

머무는 곳마다 주인이 된다면 지금 있는 바로 이곳이 진리가 존재

하는 자리라는 뜻이다. 나는 이 글귀를 평생의 좌우명으로 삼아 언제 어디에서든 나 자신을 잊어버리지 않고 내 삶의 온전한 주인이 되고자 노력했다. 돌이켜 보면 다행히도 내게는 불행보다 행운이 더 많이 따라준 것 같다. 이만한 기회를 준 운명에도 경의를 표한다.